JN154164

看取りを支える介護実践

命と向き合う現場から

はじめに～最期をどこで迎えるか

多死社会を迎えている我が国では、２０４０年には死に場所が定まらない47万人の看取り難民が発生する可能性がある。そのため国は対策を進め、２００６年度以降の診療報酬に在宅療養支援診療所を位置づけ、介護報酬では看取り介護加算・ターミナルケア加算を新設・拡充してきた。つまり、医療機関以外の暮らしの場で看取り介護・ターミナルケアを行うための制度改正、診療・介護の両報酬改定が行われてきたわけである。

２０１８年度の介護報酬と診療報酬のダブル改定も同様の主旨となっており、どこに住んでいても適切な医療・介護サービスを切れ目なく受けることができる体制を整備することが目指された。具体的には介護報酬改定では、居宅介護支援事業所にターミナルケアマネジメント加算を新設したほか、ターミナルケアの実施数が多い訪問看護事業所や、看護職員を手厚く配置しているグループホーム、たんの吸引などを行う特定施設に対する評価を手厚くしている。さらに、特別養護老人ホーム（以下、特養）の医療体制の充実に対する加算を新設すると共に、その体制を整備した特養での看取り介護加算については、従前より高い単位を算定できるようにした。

どちらにしてもこれからの我が国では、死ぬためだけに入院しない社会の実現が急がれていることは間違いのない事実である。ここで注目したいのは、「看取り難民」の意味である。それは国の様々な文書において、「死に場所が定まらない47万人の看取り難民」などという形で表記されている。

人は必ず死ぬ。そして、どこであろうと死ねないということはない。そうであるにもかかわらず「看取り難民」という言葉を使う意味は、死に方も問われているという意味ではないのだろうか。それはとりもなおさず、人として最期までどう生きるのかという「生き方」が問われているという意味でもある。

つまり死に場所が定まるということは、その場所で最期まで人間らしく生き続けられるということに他ならない。例えば、２０１３年３月に示された地域包括ケアシステムにおける今後の検討のための論点（地域包括ケア研究会）では、『毎日、誰かが訪問してきて様子は見ているが、翌日になったら一人で亡くなっていたといった最期も珍しいことではなくなるだろう』『常に「家族に見守られながら自宅で亡くなる」わけではないことを、それぞれの住民が理解した上で在宅生活を選択する必要がある』として、死の瞬間が誰からも看取られなくとも、そこに至る過程で必要な支援が適切に行われていれば、それは決して孤独死ではなく『在宅ひとり死』であり、否定されるものではないという考え方も示されるようになった。それが本当に孤独死ではないのかという判断は、個人の価値観によって違うだろうし、違って構わないと思う。

要はすべての日本国民が、最期の時間を過ごせる場所と、そこまでの過程でどのような支援を受けることができるかを選択できる社会が求められているということだ。そうであれば保健・医療・福祉・介護の関係者は、どのステージであっても、どんな職種であっても、看取り介護・ターミナルケアにかかわって、適切に支援できるスキルを備えおく必要があるということになる。その際に勘違いしてはならないことがある。

看取り介護は、日常的ケアとは異なる特別なケアであるという考えは間違っている。

看取り介護は、職員に過度なストレスを与え、離職率が高まる恐れがあるという考えは間違っている。

看取り介護を実施するためには、特別な医療支援体制が必要とされるという考えも間違っている。

看取り介護とは日常介護の延長線上にあるものであり、日頃の介護の質を高める努力と、高齢者の最晩年期の暮らしを護るという理念が求められるものの、その考え方さえしっかりしていれば、どのような場所であっても看取り介護は普通に実践できるケアである。

そもそも看取り介護とは死の援助ではなく、人生の最終ステージを「生きる」ことをいかに支えるかが問われるものなのだから、それは介護支援の「本旨」であり、それができない介護事業者など本来あってはならないのである。

確かに看取り介護には医療的支援が欠かせないが、それはあくまで緩和医療であり、治療的かかわりではないし、対象者が旅立つ瞬間に医師や看護師がいなければできない支援行為ではない。これは「介護」であることを忘れてはならない。そして、どこで終末期を過ごすのかという判断は、サービスや施設の種別で選ぶべき問題ではなく、その実践力があるかどうかという判断で選ばれることになり、そこで選択される事業者になることが、厳しい時代において介護事業経営を続けていく重要な要素につながっていく。

本書では、筆者が特養の相談員や総合施設長としてかかわったケースを中心に、命ある人の暮らしを護ることの意味や、その命の輝きが消えるその瞬間までできること、しなければならないこと、その意味について考察する内容になっている。それは看取り介護の実践の中で生まれた方法論であり、理論でもある。

ここに書かれた内容に、フィクションは含まれてはいない。そうであるがゆえに、これは誰しもが実践可能な方法論であると言ってもよい。

この世に生を受けたすべての人が、その尊い命が燃え尽きる最期の瞬間まで、人としてその命の輝きを失うことがないように生き続けるために、周囲の人々に何が求められるのかを考えてほしい。本書が、人の生活支援にかかわるすべての人々にとって、いつか誰にでも訪れるであろう「死」に対し、どう向かい合うのかを考えるきっかけになってくれれば幸いである。

なお本書では、僕に寄せられた手紙の内容の一部や、僕が管理していた介護施設の報告書の内容の一部を紹介している。その際、個人名などが特定される部分は伏せ字としたが、意味が通じない文章を除いて、できるだけ原文を修正せずにそのまま紹介している。その中には、言い回しに疑問符が付くものが含まれているが、それも加筆・訂正せずに紹介している。その方が当時の介護サービスの場の臨場感がより伝えられるのではないかと考えたためである。その点をご了承いただきたい。

2019年1月

北海道介護福祉道場あかい花 代表　菊地雅洋

目次

第4章 看取り介護のQ&A……127

第5章 看取り介護からの学び……155

第6章 看取り介護の課題……199

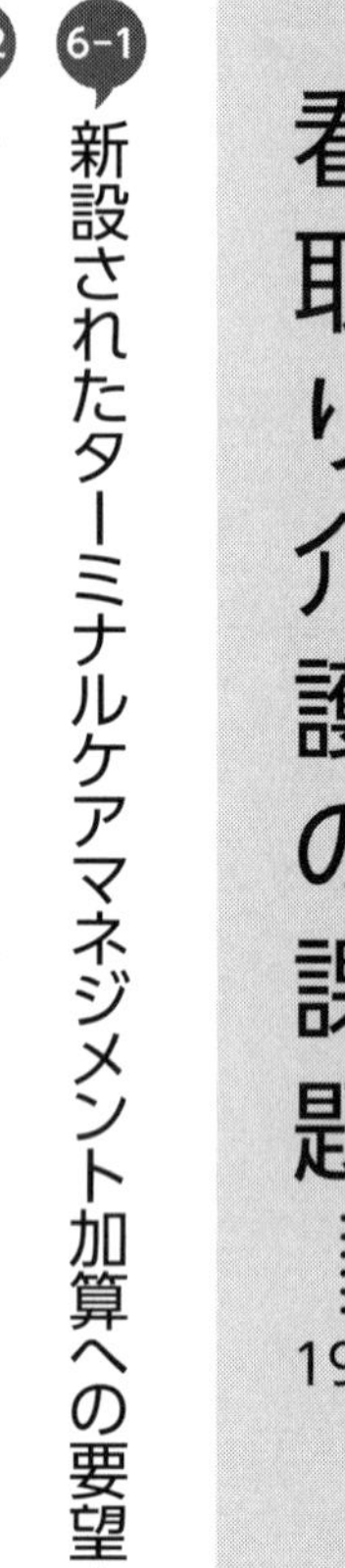

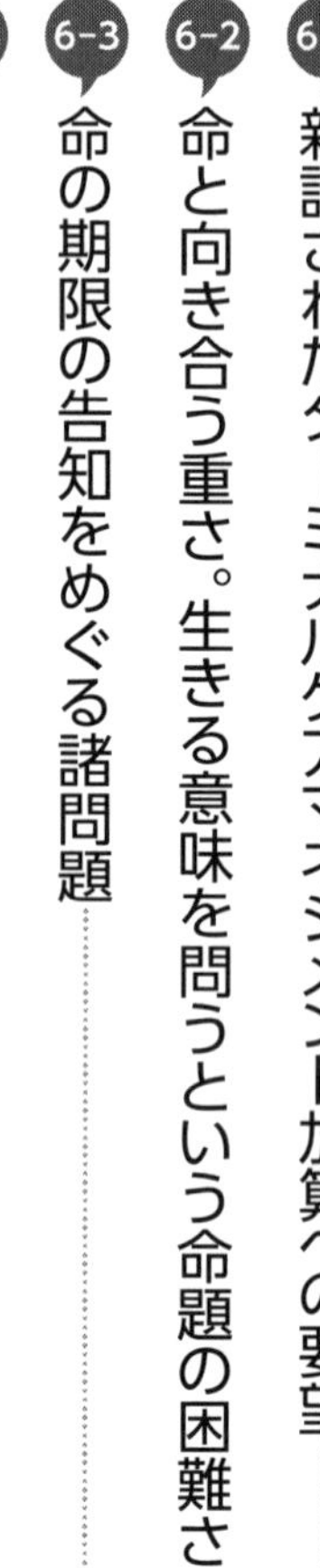

実務資料……229

第1章

看取り介護の現状と展望

超高齢社会を迎えた我が国では、心身の状況に応じて「暮らしの場」は多様化している。それは「生き方」が多様化しているという意味であり、人生の最終ステージを支える看取り介護が、多様化する生き方の「杖」になるだろう。

1-1

つなぎ介護という名称の提案

「看取り介護」誕生のエピソード

２００６年度の介護報酬改定時に、特養のターミナルケアが初めて報酬上の評価となり、「看取り介護加算」が新設された。「看取り介護」という言葉は、その時初めて造られた言葉である。それまでは特養で行われていた終末期支援については、医療機関と同様に、「ターミナルケア」と表現されていた。しかし加算新設の折、国は関係職能団体に対して、ターミナルケアは医療系サービスで使う言葉であり、福祉系サービスである特養の加算の名称としてはふさわしくないので、別の表現はないか考えてほしいと宿題を与えた。

（＊例えば、リハビリ関連加算の名称についても、医療系サービスではリハビリテーション、福祉系サービスでは機能訓練と表現を変えている）

ターミナルケアを日本語に訳すとすれば、終末期介護という表現が考えられるが、「終末」という言葉を使うと、それがあたかも「死」の支援であるかのような誤解を与えかねない。ターミナルケアは、命の炎が燃え尽きる時期が間近であることが明らかな人に対するケアであるとしても、それは旅立つ人が死の瞬間を迎えるまで、尊厳ある人としての暮らしを支える行為であり、あくまでも生きることを支援する行為である。よってこうした誤解を与えかねない名称は好ましくないとして、新しい表現方法がないかと関係者は悩まされたわけである。その時、古くから日本語として存在していた、看取り・看取るという言葉からヒントを得て、「看取り介護」という新語をひねり出したのが、この加算名の裏に隠されたエピソードである。

しかし突き詰めて考えると、この言葉は少々おかしい。看取り・看取るとは、死に行く人を看護するという意味だけではなく、「病人の世話をする、看病する」という意味もあり、看取り＝看護なのである。そうすると看取り介護という表現は、「看護介護」という表現とも言える。介護保険制度のサービスの中には、「定期巡回・随時対応型訪問介護看護」という名称も存在するが、介護保険制度以外のどこを見渡しても、介護看護もしくは看護介護などという表現は見当たらない。少なくともその表現は、自然な日本語ではないように感じられる。

ある一般市民からの訴え

また、「看取り介護」とか「看取り介護加算」という言葉に触れた一般市民からは、その言葉が利用者不在の意味に聞こえるという声もちらほら聞こえてくる。例えば僕の講演の受講者で、親の介護をしているという介護関係者ではない方から、「看取るという表現は介護者の視点であり、それは看取られる人が存在しない言葉ではないでしょうか。もっと良い表現、呼称に変えていただきたい」と訴える人がいた。なるほどと思い、その時に「別の表現方法がないか考えておきます」と答えたが、その後なかなか看取り介護に替わる良い表現方法が見つけ出せないままでいるうちに、「看取り介護」という言葉は、介護関係者だけではなく、一般市民の間にも広く浸透していくようになった。そのためその時の宿題も忘れてしまい、いつの間にかそれから10年以上の歳月が流れた。その間にも僕は、全国各地で看取り介護について講演を行い続けていたわけであるが、先日このことを話している最中に、「看取り介護」に替わる言葉がひらめいた。それは、「つなぎ介護」という言葉である。

看取り介護は特別な介護ではなく、日常介護や日常生活とつながっている介護である。そして誰かが旅立つその瞬間や、そこにつながる日々の中では、看取る人と看取られる人との間に様々なエピソードが生まれる。そのエピソードが人々の心に刻まれることによって、旅立つ人と残された人の間で命のバトンリレーが行われる。それはまさに旅立つ人の命が、残された人につなげられていくという意味である。様々なつながりがそこには存在し、人の命が思い出として誰かの心に残されていくことが、人の歴史をつくっていくのではないだろうか。そして、つなぐ・つながれていくというのは一方的な行為ではなく、看取る人、看取られる人、双方の思いが込められた言葉でもある。それは様々な場面で心を紡ぎ、ご縁を紡ぐという意味なのだから、看取られる人の存在なしでは考えられない行為である。そういう意味でも「つなぎ介護」という表現が、ターミナルケア・看取り介護に替わる言葉として、最もふさわしいのではないかと考えるのである。

ある家族の命をつなぐエピソード

僕が管理者をしていた特養では、命がつながれていく様々なエピソードが生まれていた。80代の母親を看取った50代の主婦の方は、「自分は一人娘だけれども、嫁に行ってから一度も母親と同居したことがなく、自分をこの世に産んでもらった恩返しを何もしていない状態で、このまま母親の死に際を看取ることができなかったら一生後悔する」と言いながら、道外の自宅から北海道の施設に駆けつけて、40日間という長期間、施設に泊まり込み、スタッフの支援を受けて母親の旅立ちを看取られた。

施設側が生活環境をはじめ、様々な支援を行ったとはいえ、本来その主婦の方の暮らしの場ではない介護施設という環境で、いつ旅立つのか知れない母親の傍らにずっと付き添い、十分に体を休めることもできずに過ごされた40日間は、決して楽な毎日ではなかったはずだ。しかし母親を看取った時、その方の頬を伝った涙は、哀しみの涙であると同時に、満足感に満ちた涙でもあった。それは40日間献身的に母親に寄り添いながら、旅立ちを看取ったことによって、亡くなられた母親の命とその思い出が、看取った娘の心の中に再生され、つながれたという意味の清々しい涙でもあった。そこでは確実に、亡くなられた母親の命のバトンが残された娘にリレーされ、命のバトンリレーというつながりが実現されたのではないだろうか。

介護施設などで、家族とスタッフが協力しながら、安心・安楽の暮らしを提供でき、安らかな最期の瞬間を看取ることができた時、その死の瞬間には、愛する人を失った家族の悲しみがあったとしても、安らかな死を傍らで看取った家族には、旅立たれていった人の命のぬくもりが確かに伝わり、その魂を引き継ぐという思いを持つことができるだろう。

このようにして命はリレーされていく。こうして人の歴史がつくられていく。つなぎ・つながれていく先に、人の命の輝きは永遠となるのではないだろうか。そのことを信じて、「生きる」を支える介護として、「看取り介護」に替わる「つなぎ介護」という言葉を提案したいと思う。

1-2 様々な場所で終末期を過ごすことができる社会が求められている

新たな暮らしの場所として特養に入所してくる

僕は特養に三十数年間勤めてきたので、本書で取り上げる看取り介護ケースも、その特養での実践が主となっている。だからといって、それが在宅での看取り介護と全く異なる方法論であるということではない。基本的には在宅での看取り介護も、介護施設などで行われる介護と変わることはないと思う。

そもそも特養に入所する人は、そこを死に場所にしようという動機づけを持っているわけではないし、死ぬことを目的に入所してくるわけでもない。特養で暮らす人々は、何らかの理由で自宅での暮らしが困難となり、新たな暮らしの場所として特養を選択して入所してくるわけである。それが利用者自身の意思ではなく、家族の意思としての選択であったとしても、暮らしの場の選択肢として特養が選ばれていることに変わりはない。そうした特養の使命や機能をきちんと理解してサービス提供されている施設では、利用者の方々はいつしかそこを終生の暮らしの場と感じてくれるようになる。「そんなところに入りたくはない」と言いながら嫌々入所した施設であっても、その人の思いを受け止め、その人から信頼を得ることができる方法で暮らしを支えることができるならば、いつしかそこが利用者にとっての安住・安息の場に変わっていくのである。

暮らしの場で最期の時間を過ごしたい

そして、そこで治療不可能な終末期を迎えた時には、死ぬためだけに居所を変えたくないと考え、暮らしの場である特養で最期の時間を過ごしたいと考えるのである。逆に言えば、利用者の多くがそう思うことができない特養は、まともなケアサービスを提供していない施設であると言っても過言ではなく、いらない施設だと考えざるを得ない。残念なことに、実際にはそういう施設も少なからず存在していることは否定しない。

どちらにしても特養の看取り介護とは、居宅から住み替えた新たなる暮らしの場で、残された最期の時間を過ごしたいという利用者の選択の結果行われるケアであり、それは自宅で暮らしている人が、そのまま住み慣れた自宅で最期の時間を過ごしたいと考えることと何ら変わりはない。今求められている地域包括ケアシステムとは、慢性疾患を抱えた高齢者も、医療機関に入院したまま一生を終えるのではなく、むしろ医療機関の入院期間をできるだけ短縮して、地域で暮らすために適切な医療・介護サービスなどを切れ目なく受けることができる地域体制を構築しようというものである。

死ぬためだけに居所を変えなくてよい体制が、地域包括ケアシステムなのである。そのためには心身の状態に応じた住み替えが必要であり、特養や特定施設、グループホームなどの居住系施設は、その住み替え先として選択される居所となることが求められている。そうであるからこそ、その場所できちんと看取り介護が行われなければならないのだ。

医療・看護・介護の専門家が旅立ちの支援をする

繰り返しになるが、特養における看取り介護とは、住み慣れた暮らしの場で最期の時間を過ごしたいという希望を叶えるための介護であり、それは自宅における看取り介護と何ら変わらないものである。特養の看取り介護と、自宅での看取り介護に違いがあるとすれば、前者における介護の主役がインフォーマルな支援者ではなく、特養のスタッフに置き換わっているだけである。そこに家族が一緒にかかわることができるならば、特養の医療・看護・介護の専門家から適切な支援やアドバイスを受けながら、旅立つ人を家族が看取ることができるのである。そのことによって自宅で看取ることができない家族が、特養という場で、スタッフと共に、大切な人の旅立ちにかかわりながら、そこでしか生まれない物語を胸に刻むことができるかもしれない。その物語によって、逝く人に対する思いが、残された者の心に刻まれていくことができるかもしれない。それを僕たちは命のバトンリレーと呼ぶのである。

家族単位が小さくなり、親と子が同居していない世帯が増えている今日であるからこそ、特養をはじめとした居住系施設が看取り介護の場になることは、家族支援という意味でも非常に重要なことである。そのような機能を発揮できる特養でなければ意味がない。それができない特養は、地域包括ケアシステムの一翼を担えない施設として、この制度の中から退場しなければならないのである。そして看取り介護とは、単にその施設で亡くなることを意味せず、最期の瞬間まで安楽な状態が保たれ、看取り介護対象者が旅立つ瞬間まで、対象者も家族も安心して過ごすことができるケアとして存在しなければならない。できることなら看取り介護対象者が息を止める瞬間も、きちんと看取ることができて、その瞬間まで物語ることができる命のバトンリレーを大切にしたい。息が止まるその瞬間、周囲に誰もおらず、その死を定時巡回時にしか気づいてもらえないような「施設内孤独死」を、くれぐれも看取り介護と勘違いすることがないようにしたいものである。

家族を支える社会資源は多様化している

本書の「ある家族の命をつなぐエピソード」（17ページ）では、僕が管理者をしていた特養に40日間泊まり込んで母親を看取ったケースを紹介したが、もしこれに似たケースで、自宅が入所施設の近くにある場合、その人は自宅で親を看取ることができるだろうか。長期間、特養に泊まり込んで看取ることができるならば、母親を自宅に引き取って看取ることも可能なのだろうか。しかし長年別居していて、家庭を持っている方が、たとえ看取り介護対象者の娘であったとしても、自宅に看取り介護対象者を引き取って看取ることは生易しいことではない。夫や子どもの身の回りの世話をはじめとした家事をしながら、自宅で看取り介護を行うことは、介護施設に泊まり込んで、スタッフの支援を受けながら看取り介護にかかわることとは根本的に違いがあるだろう。環境と設備が整い、自分に代わる人的資源が常に存在するということや、介護の主体は自分ではなく、スタッフであるという精神的な拠りどころがある点は、看取り介護に長期間かかわる際には重要なことと言えるのではないだろうか。

8割以上の国民が自宅で亡くなっていた1940年代（昭和20年代）に、自宅で家族の旅立ちを看取ることができた大きな理由は、子どもの数が多かったからという理由だけではなく、親と同居している子が多く、同居世帯を看取り介護の拠点にできたという意味があると思う。果たして一人暮らしの自分の親を、別居している子がどこで看取ることができるだろうか。おそらく別居している親が看取り介護が必要になったとしても、自分の自宅に親を引き取ってケアできると考える人は多くはないだろう。むしろそれまで暮らしていた親の自宅で、家族がかかわりながら看取ることはできないかと考える人が多いのではないか。そうすると、今後在宅での看取り介護・ターミナルケアを増やしていくためには、一人暮らしの高齢者に対し、子どもをはじめとしたインフォーマルな支援者が親の居所に出向いてどうかかわることができるかということが重要な課題となる。その中には、「終末期の支援行為を自分ができるのだろうか」という心理的なバリアの克服という問題も含まれるだろう。

そうであれば、今後ピークに達する多死社会に備えて、今から関係者は地域社会に向けて、自宅での看取り介護・ターミナルケアの際に、家族ができることがたくさんあり、特別なことをせずとも、自宅で家族の旅立ちを看取ることは可能であるということをきちんと啓蒙すると共に、在宅での看取り介護・ターミナルケアの際に、どのような社会資源を利用できるのかを広く周知する必要があるだろう。医療の専門家でも介護の専門家でもない家族を支える社会的資源が存在するという情報を、適切に伝えていく必要があるのだ。

　例えば、在宅でのターミナルケアを専門としている医師の存在も知らない人は多いし、訪問看護師や介護支援専門員などが、多職種連携チームを組んで支援してくれることを知らない人も多い。在宅における看取り介護の方法論も年々進化しており、例えば非接触バイタル生体センサーなどを利用して、遠隔で安否確認ができる見守りシステムを活用して看取り介護に携わっている会社もある。その会社では、在宅療養中の利用者の生態データを、24時間リアルタイムでモニタリングしながら、その情報をもとに利用者の状態に応じて医療チームが即座に訪問して対応するという方法で、在宅で一人暮らしをしている高齢者の支援を行っている。元気な高齢者のみならず、一人暮らしの方の看取り介護支援も同じ方法で行っており、看取り介護対象者の蓄積されたデータを解析して、今の生態データと比べることにより、センサー使用者の「看取りの段階」を知ることもでき、逝く日や時間を予測して訪問対応しているそうである。今後、こうしたセンサーなど様々な機器を使って、日本の地域社会の様々な場所で、様々な形の看取り介護が行われていくことになるだろう。

介護施設でもこうしたセンサーは利用できるだろう。毎日のバイタルチェックなどの業務の省力化にも結びつくかもしれないし、看取り介護対象者の、最期の瞬間を見逃さない対策の一助にもなり得るだろう。将来的には、介護報酬に介護ロボット導入加算が新設され、その対象になるかもしれない。

そういう意味では、これからの介護事業者は、常に情報のアンテナを張りながら、新たな機器をサービス資源に変えていく、「学びの機会」も大事にしていかねばならない。

ただし大事なことは、そういう便利な機器に囲まれる社会になったとしても、介護サービスに携わる我々は、そこで機器に頼り切るのではなく、機器を使いこなしていくことだ。我々自身が看取り介護対象者に向ける愛情を忘れてはならないし、そこで持つべき使命感も失ってはならないということだ。人の愛情に勝る心の支えは存在しないからである。

ナミコさんの時計～つなげたい思い

僕が2016年3月まで管理者をしていた特養の食堂兼ホールには、比較的大きな柱時計が掛けられている。

それは何の変哲もない柱時計であり、今ではそこに時計が掛けられているということに、何の意味も感じていないスタッフが多くなっているはずだ。しかしその時計には、ある利用者の思いが込められている。その施設を退職するにあたって、その方の思いをきちんとスタッフに伝えておくことが大事ではないかと思い、その際のエピソードを文章として残してきた。そのことを紹介しておきたい。

入所までの経緯と受けてきた偏見

その施設は2018年時点で、開設から35年を経た特養である。この時計を寄付してくれたナミコさん（仮名）は、施設が開設した年に入所された方で、今でもその施設で暮らされているから、35年間その施設に暮らし続けているということになる。

ナミコさんは入園当時、全利用者の中で最年少であった。当時の特養は老人福祉法に基づく措置施設であり、入所年齢の要件は老人福祉法の対象である65歳以上とされていた。しかし特例措置があり、在宅生活が困難であって、障がい者施設での対応が難しい場合に限って、65歳に達する前に特養に入所できるというルールがあった。ナミコさんはその特例を利用して、59歳の時に施設入所したのである。

ナミコさんは脳性小児まひが原因で、小学5年生の時に四肢麻痺となって寝たきり状態となり、小学校に通えなくなった。そのため小学校は卒業できなかったが、識字能力に問題はなく、むしろ頭脳は明晰で僕たちにいろいろなことを教えてくれた。当施設に入園する以前は、弟さんの世帯で暮らしていたナミコさんにとって、地域社会は決してやさしいものではなかったようで、ナミコさんにとって、つらいエピソードが語られることもあった。

当時は今より障がい者に対する偏見が根強く存在していた時代で、いろいろな差別を受けたそうである。例えばナミコさんがまだ幼いころ、家にお風呂がなかったために、公衆浴場で入浴介助を受けなければならなかったが、ナミコさんが家族に連れられて公衆浴場に行って入浴介助を受けている姿を見ると、同じ時間に入浴している人がひどく嫌がり、時にはあからさまに迷惑であるという言葉を投げつけられたそうである。そのためナミコさんと家族は、できるだけ他の人が入らない時間帯を見つけて、お風呂に入るようにしていたとのことである。しかし各家庭にお風呂がある今と違って、家風呂が普及していない当時の事情では、公衆浴場から人がいなくなる時間というのは見つからず、その方の住んでいる場所から遠い、登別温泉のホテルに通い、観光客が入浴しない時間帯に、ホテルの浴場で入浴させてもらうことが多かったそうである。そのほかにも様々な偏見と向き合いながら、時には身を隠すようにひっそりと生きてきた。これが59歳で施設入所するまでのナミコさんの生活であった。

時計の寄付の裏にある想い

そんなナミコさんが、縁あって僕が勤務していた施設に入所された。当時のナミコさんは、コミュニケーション能力に全く問題のない人であったから、いろいろな話をした。もうかれこれ二十数年前になるが、当時相談室長を務めていた僕が、ナミコさんから相談を受けたことがある。それはナミコさんの死後のことで、「自分が死んだら、施設の見える場所にお墓を建ててほしい」という相談であった。気持ちは分かるが、墓地・埋葬に関する法律というものがあって、勝手にどこにでもお墓を建てられるわけではないことや、一緒に長年暮らしておられた弟さんの思いも大切であることなどを説明させてもらい、先祖代々の墓所に埋葬することなどを納得してもらった思い出もある。

そんなナミコさんがある日、「いつも世話になっている介護スタッフさんに、何か形に残るものでお礼がしたい」と相談してきた。その時には、「お気持ちだけで十分ですよ」と言ったが、何としても形のあるもので感謝の気持ちを表したいという気持ちが強かったのか、その相談を受けてしばらくして、「施設に時計を寄付したい」という申し出があった。その理由は、当時ホールには壁掛けの小さな時計が掛けられていたが、忙しく立ち働く介護職員が、時間を気にしながら仕事をしている姿を見て、小さく見づらい時計ではかわいそうだから、大きく見やすい時計を寄付したい。それを見て時間を確認して、そんなに時間に追われずに仕事をしてもらいたいと思うのだということを述べられていた。

その時ナミコさんは、「私たちは待ってるから、そんなに慌てなくていいですよ」という思いを時計に込めたいと訴えられた。

その話を聞いた僕は、当時の施設長とその申し出について協議し、それほどの思いを持っているのだから、その申し出を断るのは逆に失礼だろうという結論に達し、時計を寄付していただいた。

その時計が、今もホールで時を刻み続けている。時計には寄贈者であるナミコさんの氏名も金文字で刻まれているが、その文字もずいぶん薄くなり、時の流れを感じさせている。

ナミコさんは現在、その時計を自分が寄付したことを思い出せない状態である。コミュニケーションも片言で交わすことしかできなくなり、見当識もかなり衰えている状態だ。そして、そうした思いがその時計に込められていることについて知らないスタッフが過半数となり、ナミコさんが意思表示できた時期のことを知らないスタッフも多くなった。そうであるからこそ、そういうスタッフにもナミコさんの思いを伝えて、それを忘れずに、いつまでも感謝を込めて、ナミコさんの人生の最晩年期に寄り添ってほしいと思う。

現在では、全利用者の平均年齢をはるかに超えた年齢におなりになったナミコさんは、いずれその施設で最期の瞬間を迎えることになるだろう。その時までに日々の暮らしを護る介護が、看取り介護の前提である。看取り介護になる前に、そこにつながっていく暮らしの質を常に意識して、すべての利用者に心を込めた介護サービスを提供していく心構えが求められると思う。看取り介護は、過去の利用者やスタッフの思いと、密接につながっていることを忘れてはならない。

第2章

看取り介護のPDCA

自らの命の期限を知ることや、限りある命の期限をどう過ごそうかと考えることは、人間だからからこそ可能になることだ。そのことを大切に思い、命の灯が燃え尽きる最期の瞬間まで、あなたはあなたのままでいてほしい。

2-1 PDCAサイクルを構築するためのフローチャート

支援行為の検証は不可欠である

介護は人の暮らしに深くかかわる行為である。それは誰かの暮らしに深く介入せざるを得ない行為でもある。そうであるがゆえに、頑張ったけど結果を出せないということであれば、そこでは誰かの暮らしが護られていないばかりではなく、場合によっては人を不幸にして、取り返しのつかない状態に陥らせてしまっている恐れさえある。だから対人援助にかかわる者には、結果責任の意識が強く求められることは当然であり、支援行為の結果の検証作業は必要不可欠なわけである。

例えば、居宅介護支援に携わる介護支援専門員であれば、毎月利用者宅を訪ね、モニタリングを行うことが求められているが、それはまさしく近直の結果検証という意味があり、機械的に訪問記録を書くのではなく、訪問して利用者の表情と暮らしぶりを見て、今現在の利用者の満足度をしっかり把握・検証するという目的がある。

介護施設の場合も同様で、施設サービス計画を再作成する際に行うモニタリングは、施設サービスにおいて一人ひとりの暮らしが護られ、人としての尊厳を損なうことなく、快適な暮らしが送られているかを検証するという意味がある。そのためには利用者の満足度に常に着目する必要もある。その時に、「ニーズとデマンドは違う」などという上からの目線で、利用者の声や希望を簡単に切り捨てることなく、「～してほしい」という利用者の思いにも寄り添う必要がある。不満なく暮らしを送ることができているのかということに着目しつつ、日常ケアの品質を常に一定以上に担保し、なおかつ介護サービスの品質向上に常に努めることによって、利用者ニーズの充足を図ることが求められるわけである。

旅立たれた人の最期のメッセージを受け止め、活かす

そうした取り組みの延長線上に、看取り介護が存在するわけであるが、それは誰かの人生の最終ステージに支援者としてかかわりを持つという意味がある。そういう時期に実施される支援行為であるからこそ、頑張ったけれど結果が出なかったでは困るわけである。そこではなおさら、『結果責任』が求められるのは当然で、そのために我々は看取り介護の結果を検証する「看取り介護終了後カンファレンス（デスカンファレンス）」にて、一人ひとりのケースを丁寧に検証・評価し、その反省や課題を次につなげて、同じ課題を残さないように努めるのである。

もちろん、看取り介護を受ける人や、その家族の立場から言えば、常に反省と課題のないベストのケアを提供してもらわねば困るわけであるし、我々もそうした結果を出せるように努めては

いるが、個人のニーズや状態は様々であり、毎回何らかの気づきが生まれる。そうした意味での反省や課題が全く存在しなくなることはないというのが現状である。しかしそれは、旅立たれた人から我々に最期に送られたメッセージであると考え、現在の介護の品質を、より向上させるためのヒントをいただいているとポジティブに考えるしかないのかもしれない。それは失敗を反省するだけの行為とは異なり、小さな成功をより大きな成功に変えるための反省と課題であると考える必要があるのではないだろうか。

そう考えると介護全般に求められるPDCAサイクル[※1]は、かけ声だけで終わらせるのではなく、実効性のあるものにし、スタッフ全員がそのサイクルを意識することも大事だと思う。そのためにはどうしたらよいかを考えた結果、看取り介護のフローチャートが必要であることに気づき、2015年6月にそれを作成した（**資料1**）。

それまでも看取り介護の手順は、各セクションが役割分担しながら、都度必要なことを行っていたが、全体のフローチャートがないために、他部署の動きや、その意味に対する認識の欠如が感じられたため、このフローチャートの中でその動きも整理して、ほかに必要なことはないか、無駄な動きはないかを考

※1　PDCAサイクルとは、計画（Plan）、実行（Do）、評価（Check）、改善（Action）の頭文字をとって表したサイクルのことを言い、看取り介護の体制構築と強化に向けて、項目ごとに達成しなければならない要件が示され、それをクリアしていく必要がある。

資料1 ● 看取り介護実施のフローチャート

入所時の重要事項説明の際に、看取り介護指針の内容を説明

↓

入所し一定期間経過後に、利用者もしくは家族と面談し、
終末期となった際にどうしたいのかという意思確認を行う。
延命に関する宣言書の作成支援

↓

医師の終末期診断後、看取り介護計画の同意を得て、看取り介護開始

↓

相談室より各セクションに文書により看取り介護の開始を連絡

↓

看取り介護経過状況報告書に日々の状態、
支援方法などを毎日記録し、朝礼で全職種にその内容を伝達。
訪室の促しや協力してほしいことを連絡

↓

家族来所時に看取り介護経過状況報告書の写しを渡し、
看護職員より経過説明を行う。
説明内容は「看取り介護経過説明書」に記録し、
家族に説明同意のサインをいただく

↓

看取り介護終了（死亡）後、看取り介護終了後カンファレンスに向け、
介護支援専門員により各セクションに
課題・評価の記録を行うように文書で連絡

↓

文書に記載された指定日までに、
各セクションはパソコンの共有ファイルの書式に、課題と評価を入力。
この際に担当セクションは、職員の精神的負担の有無、その状況を記入する

↓

遺留金品の引き渡し時に、遺族にカンファレンスの参加もしくは
看取り介護終了後アンケートの記入を依頼

↓

介護支援専門員が看取り介護終了後カンファレンスを招集し実施。
介護支援専門員は全体の課題・評価をまとめ報告書作成

↓

終了もしくはグリーフケアの実施

えてみた。非常に簡潔なフローチャートであるが、これに枝葉をつけていくことで、PDCAサイクルの構築がよりクリアに、分かりやすい形に進化していくと期待を寄せている。

どちらにしても我々が目指すものは、利用者も家族も、スタッフも後悔のない介護であり、それに向かって着々と進んでいくために、今できることを最大限に行っていくという、日々の取り組みが求められると思う。昨日までのベストが、今日も明日もベストとは限らないことを肝に銘じながら、亡くなられた利用者の方々の、天国から送られてくる声なき声としてのメッセージを聴き逃さないように感性を働かせていきたい。

2-2 看取り介護に関する診療報酬算定ルールとアドバンス・ケア・プランニングの役割

特養で行った医療行為の報酬算定は？

僕は現在、全国各地で「介護施設における看取り介護」をテーマにした講演を行っている。その講演会場で、特養の看護・介護職員から何度か聞かされる共通した嘆きの声がある。それは、介護施設において看取り介護を行おうとする際に最大の阻害要因となるのは、施設所属医師の無理解であるという声である。例えばある特養では、看取り介護に取り組みたいと医師に協力を求めても、点滴対応など終末期に必要な医療行為を施設で行うことは認められていないと拒まれてしまうというのである。しかし実際には、そのような禁止の法令やルールは存在しない。

例えば、リビングウイルの宣言を行っている人が、老衰で食事の経口摂取ができなくなった際に、経管栄養を行わずに枯れゆくように旅立つ際にも、安楽支援の観点から、わずかな量の点滴を行うケースは考えられるだろう。このようなケースで、長い間問題とされていたのは診療報酬の算定ルールであった。

厚生労働省保険局医療課長通知、「特別養護老人ホーム等における療養の給付の取扱いについて」の規定として、この通知が発出された当初から2016年3月まで、**「特別老人ホーム等の職員（看護師、理学療法士等）が行った医療行為については、診療報酬を算定できない」**というルールが存在していた。

このルールにより、医師が必要な指示を出して特養の看護職員が点滴を行っても、その費用はどこからも出ない（診療報酬の算定ができない）ことになっていた。そのことがネックとなり、緩和治療を十分できないことにもつながるとして、特養での看取り介護を実施することに二の足を踏む施設もあった。

しかし、この通知は２０１７年４月に改正され、次のようなルールに変更された。

「特別養護老人ホーム等の職員（看護師、理学療法士等）が行った医療行為については、診療報酬を算定できない。**ただし、特別養護老人ホーム等に入所中の患者の診療を担う保険医の指示に基づき、当該保険医の診療日以外の日に当該施設の看護師等が当該患者に対し点滴又は処置等を実施した場合に、使用した薬剤の費用については診療報酬の算定方法（平成20年厚生労働省告示第59号）別表第1第2章第2部第3節薬剤料を、使用した特定保険医療材料の費用については同第4節特定保険医療材料料を、当該患者に対し使用した分に限り算定できる。また、同様に当該看護師等が検査のための検体採取等を実施した場合には、同章第3部第1節第1款検体検査実施料を算定できる。**なお、これらの場合にあっては、当該薬剤等が使用された日及び検体採取が実施された日を診療報酬明細書の摘要欄に記載すること」

これにより配置医師のいない日も特養の看護職員によって、配置医師が指示した点滴などの医療行為を行い、医療材料費を含めた診療報酬を算定できるようになったため、看取り介護の実施に何の支障も生じないことになった。このような診療報酬算定ルールを確認することもなく、特養では必要な治療処置ができないという医師の思い込みによって、看取り介護の実施が阻害されることは本来あってはならない。

看取り介護の中心的サービスは介護である

地域包括ケアシステムは、住み慣れた地域の居所において暮らし続けることができるシステムを全国に創るという目的がある。それは、死ぬためだけに医療機関に入院しなくてよい社会を創るという意味でもある。特養は心身の状態に応じた住み替え先の一つであり、要介護高齢者にとってはまさに「暮らしの場」であるのだから、終末期で延命治療が必要とされなくなった場合であっても、最期までそこで過ごすことができる場所でなければならない。それは社会的に求められる使命であり、特養の基本機能とさえ言える。そうであるがゆえに正しい法令理解のもとに、適切に看取り介護が行われる場所であってほしい。

そもそも看取り介護とは、医療でも看護でもなく介護である。看取り介護に付随した医療処置・看護処置も当然必要となるものの、中心的サービスはあくまで介護なのである。看取り介護を実施している特養の大部分では、看護職員の夜勤体制はなく、オンコール対応のみで看取り介護を行い、看取り介護対象者が息を引き取る瞬間にも、枕辺で家族と介護職員だけで看取るケースも多い。在宅で看取られている人も、旅立つ瞬間に傍らにいるのは家族であって、訪問医師や訪問看護師が旅立つ瞬間にその場にいるケースはごくまれである。それで何の支障もないわけである。看取り介護対象者のほぼすべての方が、最後には食事も水分も摂取できなくなるが、だからといってそうした方々に必ず点滴が必要となるわけでもない。看取り介護とは、日常介護の延長線上に、たまたま終末期であると、あらかじめ診断されている人がいて、その人に対して実施されるケアであるが、その目的は最期の瞬間まで安心と安楽の暮らしを送るためのものであり、完全看護の体制が求められているわけでもなく、24時間の医療サポートが求められるわけでもないのである。このことを理解してかかわるべきだ。

アドバンス・ケア・プランニングという考え方

ところで終末期医療に関連しては、厚生労働省が治療方針の決定手順などを定めた国の指針（ガイドライン）を見直し、新しい指針をまとめる方針を示している。現在の指針は、２００７年に策定されたもので、その策定のきっかけになったのは、２００６年に発覚した事案である。富山県の医療機関で、２０００年から２００５年にかけ、医師２名が50代～90代の末期患者６人の延命治療を中止するとして、人工呼吸器を外し死亡させたとされることが問題視され、それぞれ殺人容疑で富山地検に書類送検された。

（＊のちに富山地検は、呼吸器の装着から取り外しまでの行為を「延命措置とその中止であり、殺人の実行行為と認めるのは困難」と判断したため不起訴として事件化しなかった）

この問題を巡っては、当初から当該医師を「赤ひげ先生」として称賛する声と、殺人事件であると批判する声の両方があったが、結果的に遺族が厳しい処罰を望んでいなかったことも影響し、不起訴処分となっている。不起訴理由はそれだけではないが、ここでは主旨が異なるので詳しい解説は割愛する。

どちらにしてもこの事案がきっかけとなり、終末期医療について延命中止の判断などにおいて、患者や家族の同意をどうするのかなどが問題となり、現在の指針が策定されたわけである。しかし策定から10年が過ぎて、社会情勢が著しく変化してきた。国民の8割以上が医療機関で亡くなるといった状況に変化はないものの、徐々に在宅死の割合が増えてきており、ターミナルケアの専門医師も増えている。さらに今後、死者数が大幅に増加する我が国では、医療制度改革により医療機関のベッド数が減るだけではなく、医療機関の入院日数制限が厳しくなり、入院期間が短縮され、居住系施設（特養・グループホーム・特定施設など）を含めた在宅復帰が強く求められている。それゆえ、死ぬためだけに入院することは難しくなってきており、２０３０年には47万人の看取り難民が生まれる危険性が指摘されているところである。

そのため暮らしの場での看取り介護・ターミナルケアの実践がさらに求められるわけであるが、現在の指針は、終末期医療を受ける場所を医療機関と想定した内容となっており、居住系施設や自宅で亡くなる人が今後も増えると想定される実態にそぐわなくなってくるため、在宅医療や介護施設での看取り介護もカバーし得る内容に変更しようとしている。

ここで重要となるのは、近年取り組みが進んできた「アドバンス・ケア・プランニング（ACP）」という考え方である。それは患者と家族、医師らが治療内容や療養場所を繰り返し話し合って決めるという取り組みであるが、看取りの場の選択という意味では、ここにソーシャルワーカーが深く介入する必要もあると考えている。

余談だが、「アドバンス・ケア・プランニング（ACP）」の愛称を厚生労働省が公募し、「人生会議」と決定している（2018年11月30日発表）。意味があいまいなまま外国語や略語を使うのではなく、意味の分かる日本語で表現し直すことは良いことだと思う。「人生会議」という愛称により、終末期の居所や過ごし方、医療のあり方について専門職と患者・家族が話し合って決められる場があるということが、より国民に広く浸透するのではないだろうか。それは専門職と患者・家族の垣根を低くして、協働意識を醸成することにもつながるかもしれない。どちらにしても患者不在の終末期医療など、何の役にも立たないのであって、そのことを徹底的に排除し、患者本人の意思が最大限に守られる終末期医療のあり方が議論されることは良いことだ。

それにしても、「患者と家族、医師らが治療内容や療養場所を繰り返し話し合って決める」ということは、医師の側の説明責任がより重要になるという意味である。医療の専門家ではない患者や家族に、きちんと伝わる言葉で話せるかどうかが、終末期医療にかかわる医師のスキルとして問われてくる。一方的な指示・命令を説明と勘違いするような医師であっては困るわけである。

特に終末期医療にかかわる医師の言葉は、患者や家族にとって安心や安楽に重要な役割を果たす、「言霊（ことだま）」であることを十分理解してほしいと思う。

2-3 終末期判定と余命診断について〜QODの視点から

医療機関以外の場所で行う看取り介護

QOD（Quality of death―クオリティ・オブ・デス）という考え方がある。それは「死の質」を臨終の豊かさととらえ、そのあり方を追求することである。そこで問題となるのは、臨終の豊かさとして、最期の瞬間まで「その人らしく生きることができるか」ということである。「看取り介護」とはまさにそのために行われる支援行為であり、それは医療機関以外の場所でも行うことができる行為である。そうであれば医療機関で延命治療を受けることなく、医療機関以外の場所で看取り介護を受けることができる状態像や、看取り介護を行うことができる条件とは何かということを、ある程度まで明確に示しておかねばならない。

看取り介護の対象となる人の状態像とは、治療を行っても元通りには回復せず、過度な延命治療を行うことがむしろ苦しみにつながったり、暮らしの質を著しく低下させたり、自然死を阻害したりする状態である場合であろう。

その時、看取り介護を行うことができる条件とは、そういう対象者を、ただ単にそこで死なせるだけではなく、死に至る瞬間まで対象者の尊厳を守り、安楽に過ごす支援ができるということだと考える。

この理解があいまいなままで看取り介護が実施されるとしたら、看取り介護を実施する場所によって、「終末期」の判断が大きく違ってくることになるかもしれない。場合によってそれは、「看取り介護」という名の「生命の強制的短縮行為」が行われてしまうという意味になりかねない。人の生命にかかわる問題で、その判断基準が不明瞭であれば、どのような善意の判断に対しても一抹の不安感はぬぐえない。そういう状態を放置しておいてはならないのである。だからこそ「看取り介護とは何か」ということが、国民全体で議論される必要がある。そしてすべての関係者は、人々が安心して過ごすことができる最期の場所として、医療機関以外の場所を選択する際に、看取り介護対象者の視点に立った正しい判断が求められることを常に意識しなければならない。看取り介護にかかわる関係者には、燃え尽きようとしている生命に対して、謙虚で真摯に寄り添う姿勢が求められるのである。

終末期を判断する基準とは

看取り介護・ターミナルケアに関連して、終末期であるという状態の判断は「医師」が行うこととされており、それ以外の者の判断は許されていない。そしてその基準は、「医師が一般的に認められている医学的知見から回復の見込みなしと診断した者」とされている。しかし、果たして「一般的に認められている医学的知見」が存在するのかということが大きな問題である。特に経管栄養を行えば延命ができるケースについて、経口摂取だけで終えてよいのかという問題がある。「経管栄養をした方が良いか、しない方が良いか」という判断に関しては、医師間でも個人差があるのが現状ではないだろうか。

仮に「経管栄養をする、しない」という判断について、その対象となる本人が判断するのであれば何も問題ないと言える。そこには判断の個人差があってもよいだろう。しかし、その判断に直結するアドバイスを行う立場にある医師の判断差が大きいとしたら、そのことはもう少し大きな問題として議論されるべきではないだろうか。終末期と判断する医師の側に、「経管栄養をすべきか、すべきではないか」という判断差が存在する限り、そのアドバイスを受ける側の不安はなくならない。日本の医師の職能団体などが、このことをより明確にしてくれることを強く望みたい。

例えば「がん」の場合の終末期とは、「治療効果が期待できなく、余命がおおよそ6カ月にある時期」とある程度定義づけが可能ではないかと考える。これは医師により個人的判断に差が出る問題ではなく、「一般的に認められている医学的知見」と考えてよいだろう。

しかし、脳梗塞など、特定の病気を繰り返している高齢者などの場合はどうだろう。当然それらの方々に対しては、医師は治療を試みなければならないと思われる。治療の試みを行って、初めて医師の判断として「回復の見込みなし＝終末期」とされるわけである。最も大事なことは、単に「病状が重篤だから高齢者には治療が必要ない」と判断することや、「もう年だから」と年齢だけで終末期と決めてしまうことがあってはならないということである。

高齢者の積極的な治療は無駄だといった価値観は徹底的に排除された上で、人間として安らかに最期を迎える状態とはどのような状態かという観点から、「自然死」というものを考える必要がある。

このことについて京都保健会盛林診療所所長・三宅貴夫氏は、インターネットのコラム記事で次のように判断基準を示している。

- がん以外の疾患や老化に伴う場合「終末期とは、積極的な医療がないと生命の維持が不可能であり、またその医療を必要としなくなる状態には回復する見込みがない状態の時期」

・「回復が期待できない嚥下困難か不可能な状態の時期であっても、胃瘻による経管栄養を行えば延命は可能ですが、高齢者自らが自分の生命を維持できなくなった状態にあるという意味で終末期とみてよいと考えます」

（三宅氏のコラム記事から一部抜粋引用）

このように氏は「回復が期待できない嚥下困難か不可能な状態」については、経管栄養を行えば延命は可能であっても、本人の同意がある場合に終末期として判断してよいとしている。おそらくそのことは、本人を代弁する家族の意思も含めて考えてよいという意味だと思われる。その判断によって経管栄養を行わない場合、結果的に経管栄養を行うケースより生命を維持する期間が短くなったとしても、それは終末期支援のあり方として認められるべきであるとしている。この考え方に、僕は非常に共感できるのである。

誤解があってはならないが、僕は特養やグループホームに入所している高齢者で、経管栄養が必要になった人すべてが、それを拒否して経口摂取だけで最期まで過ごせばよいと思っているわけではない。

また、入居者が暮らしていた特養やグループホームで亡くなることがベストの選択であるとも思っていない。それはあくまで個別の状況に応じた個人的判断が尊重されるべき問題であり、経管栄養を選択する道もあるだろうし、延命治療のために医療機関に入院して、結果的にそこで最期を迎えることがあってもよいと思う。いくら特養やグループホームでの臨終を望んでも、そこで対応すべきではないケースもあるだろう。

ただ、「回復が期待できない嚥下困難か不可能な状態」である時期において、それを自らが自然死を迎える時期であると考え、介護施設で最期の時を過ごすという選択があってもよいし、希望を言えぬ状態の高齢者であれば、家族がその代弁者になって、そうした選択を「医師の判断」を参考にして行ってもよいと思う。その場合に、特養やグループホームでも、その期待と希望に適切に応えることができる体制を整えているべきだというのが僕の主張である。

もう一つ誤解してほしくないことは、僕は人が最期の時まで安らかに過ごして臨終の時を迎える支援のあり方を模索しているだけであって、自然死議論はそこに位置するものであるにしかすぎず、それがいつしか尊厳死から安楽死議論へと拡大していくことを欲してはいない。それは別の問題だろうと思うし、医療知識に欠ける僕がそこまで意見を述べることは差し控えたいと思っている。つまり「看取り介護」の対象となる人に対しては、積極的な延命治療の中止という判断が行われることになろうが、それを選択する自由は保障されるとしても、終末期と言えない状態像の人の命の期限を、積極的に縮めるような行為や議論とは全く異なるという意味である。

余命診断を行うことの意味

看取り介護とは、臨終の時まで安らかに、その人らしく過ごすことを支援する行為であるという理解が必要だ。ＱＯＤの前提条件は、こうした終末期の定義がある程度明確にされ、対象者やその家族が、その判断に不安を感じることがない状況で選択されるべきである。

我が国では現在、医療機関で亡くなる人の数が約8割にのぼっているが、１９５１年（昭和26年）においては、在宅で亡くなる方が82・５％で、病院と診療所で亡くなる方は、わずか11・７％であった。その数字が逆転して、医療機関（病院と診療所）で亡くなる方が5割を超えたのは１９７６年（昭和51年）である。僕が子どもの頃は、在宅でたくさんの人が死亡していた。その時、医師が枕辺にかけつけるのは、まさに死亡診断のためであり、息を引き取る瞬間に医師や看護師がそこにいたわけではない。その時、何か重大な問題が発生していたとでも言うのだろうか。そのような事実はなく、家族に囲まれながら安らかに在宅で旅立っていた方が大部分であったろう。そこでは死を迎える人と関係深い人たちの、様々な別れのエピソードが刻まれていたのではないだろうか。

医療機関ではない場所での看取り介護の実践とは、日本人の死に場所が医療機関ということが一般的になって、わずか三十数年で失ったものは何かということを問い続け、もう一度家族に囲まれながら、様々な家族間のエピソードが刻まれつつ旅立っていくような、安らかな終末期を取り戻す試みではないかと思う。日本人の歴史をつくってきた、命のリレーの場所を取り戻すことではないかと思う。息を引き取る瞬間に、医師や看護職員がいなくても看取ることが当たり前に行われていた社会の方が、寂しい状態で死ぬ人が少なかったのでないかということを、今一度考えてみる必要があるだろう。

ところで医師の終末期判定に関連しては、余命診断が同時に求められる。終末期とは数週間ないし数カ月（およそ6カ月以内）のうちに死亡するだろうと予期される状態になった時期のことを意味しており、それが「一般的に認められている医学的知見」と言える。このように終末期は、人によって数週間ないし数カ月（およそ6カ月以内）という開きがあるのだから、医師は終末期診断に際して、同時に余命診断を行うことが求められるのである。なぜなら終末期であると判断した後、看取り介護に移行する場合に、お別れの時間がどれだけ残されているのかという期間予測は、看取り介護対象者・支援者双方に重要な意味があるからだ。

当然それは看取り介護対象者の旅立ちに備えた、双方の心の準備という意味もある。そもそも看取り介護がいつまで続くかも分からない状態は、看取り介護対象者と家族および支援者にとって、先が見えないという状況をつくり出し、最期の時間を共有しながら、お別れに伴うエピソードをつくることの大きな障害にもなりかねない。その状態は対象者も家族も常に不安を抱え、何をどうしてよいか分からない状態に陥らせる。当然それはＱＯＤにも影響し、その質は低下せざるを得ない。そうしてはならないのである。よって余命診断は、看取り介護を開始するにあたって重要となるのである。

もちろん、余命診断は目安であり、完全かつ正確にその期間内で看取り介護が終了するとは限らない。予測よりも短時間で別れの時を迎える場合もある。そこには様々な不確定要素が含まれているのだから、当初診断された時期に多少の長短が生じることも当然あるだろう。しかし、その時期予測が多少ずれたとしても、年単位で看取り介護を行うということにはならない。もしそのような長期間の看取り介護が実際に行われているとしたら、それは終末期判定や余命診断が適切に行われていないという意味で、看取り介護としての体裁が整っていないと言われても仕方のない状態である。

終末期判定と余命診断がきちんとできていれば、介護関係者から「看取り介護になってから1年以上経過しているが、看取り介護計画は見直す必要はないか？」などという、おかしな疑問が生じるわけはないのだ。しかし実際には、僕が講師を務める看取り介護セミナーなどで、そうした質問をされることがある。これも大きな問題点と言える。

前述したように本来終末期とは、余命半年以内の状態を言うものである。予想外の回復がないとは言わないが、その場合は看取り介護をいったん終了せねばならず、看取り介護を1年以上継続して、看取り介護計画を更新作成するということにはならない。基本的には、1年以上にもわたる看取り介護というものが存在することの方がおかしい。医師はそのことをどのように判断しているのか、逆に尋ねてみたい。終末期判定と余命診断を行うという重要な役割を放棄しているとしか思えないからである。

2-4

看取り介護指針を作成した理由とその要点

日本で最初の「看取り介護指針」

２００６年４月の介護報酬改定で、特養に看取り介護加算が新設された際、加算算定要件の一つとして**「看取り介護指針」**の作成が義務づけられた。その算定要件が示されたのが２００６年１月下旬であったと記憶している。

僕が勤めていた特養は、他の算定要件はクリアできる状態であったため、「看取り介護指針」さえ整備すれば、４月から新設された看取り介護加算を算定できる体制であると届け出ることが可能だった。当時相談室長であった僕は、年度が変わる前の２カ月余りの間にこの指針を整備しようと考え、指針作成作業にとりかかった。わずか2カ月という短期間で指針というルールを定めるためには、何度も話し合いを重ねる共同作業ではなく、業務上の指導権限を持つ立場の僕が単独作業で指針を完成させたのち、トップダウンでその周知と実行を求める方が何かと好都合であると考えたのである。

その当時、「看取り介護指針」などどこにも存在しておらず、それに類するものもなかった。現在では、老企40号解釈通知において同指針に盛り込むべき項目が示されているが、当時はそれさえなかった。そのため参考になるものは何もない状態で、手探りで作成作業を進めざるを得なかったが、そのことを僕はポジティブに考えた。ひな形や参考になる類似指針がないのだから、新指針をどのように定めるのかは、自分の考え方一つでまとめられると考えた。何しろ比べられるものがほかに存在していないのだから、新たに作成したものが指針としてふさわしいか、ふさわしくないかという判断基準さえないようなものであり、作成したもの勝ちという軽い気持ちで作業にあたった。それは自分の言葉で方針やルールを定めることができる作業で、ほとんど困難は感じなかった。むしろこの指針を最初に作成してしまえば、それがスタンダードになるかもしれないという期待感を伴った楽しい作業だった。

その特養では、ターミナルケアと称して数多く終末期支援を行っていた実績があり、それは施設の運営理念に沿って行われていたので、その考え方を指針として示せばよいし、看取り介護の具体的な方法については、現に行っていることをそのまま文章化するだけの作業であり、そこに困難性は一切存在しなかった。看取り介護の判断基準などは、看取り介護加算の算定要件で具体的に示されていたので、それらを指針に盛り込んでいくことで、それまでの実践の中では言語化できなかった最低基準も明確になっていった。新しく定めたルールや方法が、運用後に不都合が出てくるとしたら、その時点で随時内容を変えていけばよいだけの話なのだから、とりあえず指針と称するにふさわしい内容の書式を定めることに努め、作成作業開始からわずか3日で最初の指針を完成させた。それは誰からの干渉も受けず、ほぼ一人で作文して完成させたものだったが、数回の推敲校正を経た後、施設の「看取り介護指針」として承認決済を受けスタッフに周知し、さらにインターネットを通じて誰よりも早く一般公開を行った。もしかすると日本のどこかで同時期に、僕と同じように「看取り介護指針」を作成した人がいたかもしれないが、少なくともその当時、インターネットで一般公開されている看取り介護指針は、僕が作成したものしかなく、そういう意味で僕の作成した「看取り介護指針」が、日本で最初に作成されたものであるという評価も受けている（**実務資料1**）。

看取り介護指針作成の要点

僕がその指針を作成・公開した後、全国老施協も看取り介護指針を公開しているが、それは僕が指針を作成してから1カ月以上遅い時期であった。しかもその指針は分量が多すぎて、一度読んだだけではその内容を理解できる人はまずいないような指針であった。これを見本とするならば、何度か読み返して内容を理解しなければならないが、そんな長い文書を何度も読み返すことができる人が何人いるというのだろうか。しかも、指針内容それ自体が分かりづらくて、実用的ではないという致命的な欠陥があった。それが証拠に、全国各地の特養やグループホームで、僕の指針を参考にした「看取り介護指針」が数多く作成されているが、全国老施協のひな型を参考にして作成したものは、ほとんど見当たらない。全国老施協という組織が、こんな指針しか作成できない理由は、実際に看取り介護の実践経験が少ない人しか、シンクタンク部門にいないからだろう。政策に関する提言はできても、実際のケアに関しては、現場の意識とかけ離れてしまっている。だから机上の空論というより、分かっていない人が書いた、分かっていない指針しか作成できないのである。人材枯渇ということに尽きる問題である。

そもそも指針とは、「物事を進める上でたよりとなるもの」であり、「基本的な方針」である。そこには大切な基盤となる理念や方針を示した上で、何をどのように行うかという方向性を載せる必要があるが、マニュアルのような細かな手順まで指し示す必要はない。そこまで細かすぎては、それを一度読んだだけで理解することは困難となるし、手順などが細かすぎれば、個々の特性に応じた臨機の対応ができなくなる弊害の方が強くなる。本来、指針とは確認のために何度も読み返さねばならないものであり、読み返すことが可能な「量」である必要があるのだから、根底となる大事な考え方をきちんと示していれば、個々の方法論はざっくりとした内容で構わないわけである。その部分は看取り介護計画書の中で、詳細に定めおくべきもので、指針があまりに細かな内容となり、枝葉を拾いつくすようなものになっていては、実践の手足を過度に縛りかねなくなる。そして、指針内容があまりにも長文であれば、それは誰も確認しようとせず、そこに存在するというだけの「神話」にしかすぎなくなる恐れがある。

また看取り介護指針については、その内容を入所契約時に、利用者または家族に説明することが義務づけられている。そのことを考えると、介護の専門家ではない人も理解できるように難解な専門用語をなるべく使わず、分かりやすく書かれている必要がある。当然、入所契約の際に説明が必要な書類が、４００字詰め原稿用紙10枚を超えるようなものであれば、説明書類にはふさわしくない。そうであるからこそ簡潔に要旨が伝わる、分かりやすい内容にしなければならないわけである。その適正量とは、せいぜいA４用紙2~３枚が限界ではないだろうか。

指針内容は変更してもよい

看取り介護加算を算定する特養では、コンパクトで分かりやすく、かつ大切な介護実践の基盤となる方針がもれなく網羅されている指針を作成する必要がある。しかし、それはいったん作成すれば、その内容に固執し変えられないものではなく、むしろ実践を重ねて経験したことを踏まえた上で、実践レベルが引き上げられていくことに対応して指針内容も変えられてよいものだ。「指針がこうなっているから、ここまでしかできない」あるいは「ここまでしかする必要はない」と考えることが、現場の実践レベルを停滞させる一番の原因であり、「指針にはこう書いているけれど、それ以上のことが必要だ」という課題が見えてくれば、それに向けて指針内容も変え、実践レベルも向上させていく必要があるし、「ここまでできるようになった」と気づいた時点で、指針の内容をそのレベルまで引き上げてもよい。どちらにしても机上の空論に終わらない指針作成と、それに沿った介護実践が求められているのである。

例えば僕が最初に作成した指針では、「看取り介護の実施に関しては原則個室で対応すること」として、多床室での看取り介護を認めていなかった。看取り介護加算を算定するためには「看取りのための個室があること」が算定要件となっており、それは静養室でも構わないことになっている。かといって個室以外の看取り介護が禁じられているわけではないので、要件さえ整えていれば、多床室で看取り介護を行って、加算算定することは問題ない。しかし当時の僕は、「そうはいっても夜間対応などを考えると、多床室の場合は他の利用者に迷惑をかけることになる」として、指針のルールとして多床室での看取り介護を禁止していたのである。

しかしある日、多床室の利用者が看取り介護対象になり、静養室に居室移動を行おうと準備していた際に、同室者の桜子さん（仮名）から、「〇〇さんはどこに行くんですか」「どうしてここにいられないのですか」と尋ねられた。その施設は１９８３年（昭和58年）に開設した施設であったが、看取り介護対象者になった方と桜子さんは、その開設の年に入所されて、23年間同じ居室で過ごしてこられた方であった。お二人とも入園時から四肢麻痺でほぼ寝たきり状態であったものの、お二人ともお若くて、意思疎通に問題のない方であった。お互い良き話し相手として、同部屋で苦楽を共にされてきた関係であるため、疑問には正直に答えたいと思い、看取り介護対象者のご家族の承諾を得て、静養室に移ろうとしている方の病状が悪化し回復の見込みがないこと、余命がおおよそ1月以内とされていることを説明し、夜間なども頻回に対応が必要になるので、他の同室者の方に迷惑をかけては申し訳ないと考えて、居室移動することになったことを説明した。

するると、その説明を受けた桜子さんから思いがけない訴えがあった。「私には何もできないけれど、せめて最期を迎えるまで声をかけて励ましてあげたいのです。このままここで過ごしてもらうことはできませんか」……。この訴えの言葉は、看取り介護対象者のご家族も一緒におられる場面で発せられたものだ。それを聞いたご家族は、涙ぐみながら桜子さんに感謝の言葉を口にすると同時に、スタッフに向かって「母さんもきっとその方が喜ぶと思う。お言葉に甘えて、このままこの部屋で過ごせませんか」と訴えられた。それを受けて我々は急遽その検討を行い、その希望を実現できるように調整に入った。しかし、その部屋は4人部屋で、ほかにも2人の利用者の方がおられる。しかもその2人は、意思疎通ができない状態の方である。そこで急遽、その2人のご家族に連絡を取って、この経緯を説明し、ご迷惑とならないように配慮するので、お部屋で看取り介護を行えないだろうかと相談した。その2人のご家族も、日常的に施設に面会に来て看取り介護対象者の方とも、桜子さんとも顔なじみの関係があり、ご家族同士も会話を交わす関係性にあったことから、快くそのことを承諾してくれた。

その結果、その際の看取り介護対象者の方は、住み慣れた多床室で、桜子さんに常に声をかけられながら、ご家族とスタッフに見守られる中で旅立っていかれた。これがその施設で多床室の看取り介護を認めるきっかけとなったエピソードである。

なおこの際、看取り介護指針の最初の改訂を行い、「看取り介護の実施に関しては原則個室で対応すること」とされていた規定に、「利用者または家族の希望により多床室で看取り介護を行う場合は、他の同室者の同意を得て、適時、本人または家族の意思を確認すること」という1項を追加し、多床室の看取り介護の実施の条件を定めた（平成18年9月7日改訂）。

その後この看取り介護指針は、デスカンファレンスの開催を義務とする規定を追加するなど、計5回の改訂を行っている。自ら作成した指針であるからこそ、進化する施設の介護レベルや利用者や家族の要望に応じた変更ができるのであり、他所の指針をそっくり引用するだけで、自らのサービス提供体制にマッチした指針を作成する気構えがない事業者では、指針もいずれ介護サービスの方法を縛るだけの足かせに成り下がっていくだろう。ちなみに近直の改訂（平成27年4月1日改訂）は、2015年度（平成27年度）の介護報酬改定時にPDCAサイクルの構築など、新たな看取り介護加算要件の追加に対応したものである。2018年度の介護報酬改定では、算定要件の変更は行われておらず、それに沿った指針改訂は特に必要ないものと考える。

2-5 愛する人の旅立ちにあたって

終末期と診断された後にスタッフ・家族間でコンセンサスを得る

僕が管理者をしていた特養における看取り介護の実践には、いくつかのターニングポイントがあった。

介護報酬に看取り介護加算が設けられた2006年には、加算算定ルールを最低基準とし、看取り介護指針を独自に作成し、それに沿って援助を開始した。そのことによって、利用者が回復不能の終末期であるという診断がされた後、そのコンセンサスを、スタッフ全員と家族の間で得ることの大切さをあらためて知ることとなった。

２００８年４月には、看取り介護指針内容を変更し、看取り介護終了後にご遺族に向けたアンケートを実施し、家族の本当の声を聞く機会を持つようにした。そして、その回答を参考にしながら、各部署での評価・課題点を話し合う機会を設けた。その取り組みをさらに進めて、看取り介護終了後カンファレンス（デスカンファレンス）を開始し、ご家族にもできるだけ参加していただくようにした。そのことは看取り介護の結果責任を強く意識することにつながり、その実践評価に遺族となった方々の客観的評価が加わることで、建前ではない本音の評価に一段と近づいたのではないかと考えている。

そうした過程の延長線上に、看取り介護とは終末期になった時期のケアとして限定的に考えるものではなく、看取り介護になる以前の日常支援からつながっているもので、入所した瞬間からの日常支援こそが大切であるという考えを持つに至った。そして、利用者の方々の生活習慣を知るためには、施設入所以前の暮らしぶりを知る必要があると考えるスタッフが増え、利用者や家族に進んで声をかけるようになっていった。そのように家族が知るエピソードを集めながら、普段の援助に活かすことができないかを具体的に考え、実行する意識が高まった。その時期、ご家族から「最近職員さんが随分変わってきたように思う。とても話しやすくなりましたね」という声をいただくようになった。

しかし、アンケートやカンファレンスの中で示される家族の声の中には、僕たちの取り組みについて否定的な意見も含まれていた。例えばあるご家族はアンケートの中で、スタッフ対応について「大変親切にお世話をしていただきました」と回答しているが、満足度は「どちらかといえば満足している」にチェックがついている。そして「不安や不満を感じた点はありませんか」という質問に対して、「24時間看護体制ではないので多少不安に感じました」「病院関係者との連携をスムーズにしてほしい」と書かれており、さらに「今後改善すべき点についてご意見を伺わせてください」という項目に対し、「最期が近づいたら医療機関で対応した方が良いと思いました」と書かれていた。

看取り介護を実施するにあたって、家族に対しては当施設が夜間は看護職員の夜勤がなくオンコール体制であること、死期が迫っても、医療機関でしか行えない苦痛を取り除く医療対応などが必要でない場合には医療機関への搬送は行わないことを明らかにした上で、施設所属医師や協力医療機関との連携体制などを「看取り介護指針」に基づいて説明し、同意を得て実施している。しかし、その時に納得しても、実際に看取り介護を行って、施設で最期の時を迎えるにあたって、何かしらの不安を感じていたということがうかがわれる。

そして、その気持ちは、利用者の死後だから明らかにできることで、看取り介護実施中には、施設やスタッフに不安として気軽に訴えられなかった状況も想像できた。ご意見をいただいたケースも、医療機関へ搬送する必要性はなかったものと思えるし、所属医師もきちんとかかわって対応していたと思える。しかし、国民の8割以上が医療機関で亡くなられている現状を鑑みると、医療機関で「死の時」を迎えることが常識であり、それに対して誰も不安は持たないが、介護施設で医師や看護職員がいない状況下で「最期の時」を迎えたことに対して、家族が不安を抱き、後悔の念を持ったのではないかということが想像される。

特に、最期の瞬間に家族が立ち会えなかったことと、そこに介護職員しかいなかったことが、家族に対して「最善の看取りではなかったのではないか」という思いを抱かせたのではないかと想像できる。このように最期の瞬間に医師が立ち会っていない状況を、医療機関での死を当然とする世間の常識と比べて違和感を覚える人がいることは理解できる。

このことは決して否定されるべき考え方ではないので、施設側には相応の説明責任が生じるのだと、そのアンケート結果により、我々はあらためて考えさせられた。

死を目前にした人の心身状況の変化を伝える

逝く人の命は遺された者たちの思いへとリレーされるものであるのだから、看取られた方の遺族が看取った状況に対し、本ケースのような気持ちをいつまでも持つことは「看取り介護」としても失敗である。よって、このことはグリーフケア（遺族の支援）として、きちんと施設側には対応責任がある。このケースについては、「看取り介護終了後カンファレンス」にご遺族に参加してもらって、看取ったスタッフから最期の状況を詳細に説明すると共に、医務・看護部門から、当日までの医療・看護支援状況や、医療機関での対応が必要でなかったことをよく説明して、少しでも家族の抱いている不安や不満の解消につなげるという対応を行った。

その時に僕たちは、事前にもっとできることがあるのではないかと考え始めた。ご家族がスタッフと共に看取る場合でも、ご家族に代わってスタッフが看取る場合でも、予測される状況に対して、相応の処置をきちんとしていれば、医療対応が必要でない場合があることを事前にきちんと説明し、理解を得ておく必要があると考え始めた。

そんな時期に看取り介護終了後カンファレンスで、ご遺族の方が施設に対する不満を訴えるというケースがあった。それは、いったん家族が施設で看取ることに同意したものの、いざ最期の瞬間を迎えるにあたって、看取り介護対象者の死の直前に、唇や口の中が乾燥して、喉もとでゴロゴロという音がする「デスラッセル（死前喘鳴）」という状態になられた方のケースである。その時に苦しそうに見えた家族が、施設での看取りに同意したために、呼吸苦という状態で親を苦しめてしまったのではないかと後悔の念を持ち、デスカンファレンスの際に、「あのような状態になるのなら、ここではなく医療機関で亡くなる方が良かったのではないか」という疑問を訴えたのである。我々の予測の範囲であったデスラッセルという状態を、事前に家族に説明しておかなかったことで、いらぬ不安感を持たせてしまったのである。その反省から、デスカンファレンスの場でそのことを説明するのではなく、看取り介護を開始することの同意を得る段階で説明することの必要性を痛感した。そこで2010年に、「愛する人の旅立ちにあたって」というパンフレット（**資料2**）を作成し、看取り介護計画書の説明・同意の際に、死を目前にした人に起こり得る身体状況の変化についても、同時に説明するようにした。そうした変化は、死を目前にして身体が準備をしている状態で、決して苦しい状態ではないことを合わせて説明するようにしている。

それ以後、施設内で看取り介護を行ったケースで、不安や不満を訴える家族はいない。看取り介護対象者の身体に起こり得る終末期の変化について、我々の知る限りの知識と情報を、看取る側の家族に伝え、できる限りその不安を解消する努力は、僕たちに求められる義務と責任であり、そのことは旅立つ人と見送る人双方に、最期まで愛を伝え合う意味にもつながるのだということを、僕たちは常に忘れてはならないのだと痛感している。愛する人々の命のバトンリレーをつなぐために、僕たちは知り得る知識と情報を、丁寧に見送る家族に伝える責任があるということなのである。それが介護や看護のプロと呼ばれる者の責任でもある。

特別養護老人ホーム○○○・看取り介護パンフレット

ご家族の皆様へ
愛する人の旅立ちにあたって

大切なご家族のお別れが近づいてきたときは、ご家族の方にとって悩み多く心配な時です。
お別れの時に見られる体の変化を、あらかじめ記しておきます。
予測される状態の意味を知ることで、ご家族の心の準備にお役にたてることを願っています。

食事や水分をとる量が減ってきます。
ご家族にとって、それは受け入れがたい場合もありますが、
体がその準備を始めた時には、食事や水分摂取の量が減るのは、
ごく自然なことです。

少ない量でも、ご本人が食べたいものを食べられるだけ無理せずすすめ、
ご本人の気持ちを大切にするように努めます。

眠っているように見える時間が長くなります。
意識が薄れ、呼んでも返答がなくなりますが、
最期の時まで「耳」は聞こえています。

ご家族の声や手が、ご本人が安心を得ることになります。
側にいて、手を触れ、穏やかに話しかけてください。

ご家族が付き添っている場合でも職員は常に支援に心がけますが
何か疑問がありましたら、遠慮なさらず職員をお呼び下さい。

体がだるくて、身の置き場がなくなると、落ち着かなくなり、大声を出すことがあります。

危険のないようにご本人の周りを整えましょう。
背中や手をさすってあげてください。

トイレに行きたいという気持ちが強いと、急に起き上がったりすることもあります。
排せつの方法を一緒に考えましょう。

どうしても落ち着かない場合は、主治医に相談しますので看護師にお伝えください。

デスラッセル（死前喘鳴）というものがあります。

唇や口の中が乾燥して、喉もとでゴロゴロという音がすることがあります。

喉の奥にたまった唾液などが振動して音が出ています。
ご本人は苦痛を感じていないのでご安心ください。

顔を横向きにするとよくなることがあります。
痰やお口のケアなど職員が支援します。

終末期の呼吸について

無意識に吐く息と同時に、声が漏れることがあります。
呼吸のリズムが速くなったり、遅くなったり30秒前後、呼吸を休むことがあります。残された力を使って呼吸するために、肩やあごを使って呼吸します。これは下顎呼吸(かがくこきゅう)といって、口をパクパクさせ喘ぐような呼吸になります。下顎呼吸は、普段の呼吸には使っていない首やアゴの筋肉を使ってする呼吸のことで、脳が酸素不足になることによって起こります。また血液中の酸素が不足するとチアノーゼといって、唇や指先が紫色になりますが、酸素不足になると脳からエンドルフィンと呼ばれる麻薬のような物質がたくさん出て恍惚状態になり苦しくはありません。このとき酸素吸入をすると苦痛は強くなりますので、静かに見守りましょう。

特別養護老人ホーム ○○○

2-6 リビングウイルの気持ちが揺れたらどうするか

終末期の判断

看取り介護の対象となる可能性のある人がいる場合、医師はその方が終末期であると言えるかどうかを判断することになる。この時、回復が期待できない嚥下困難か、回復が期待できない嚥下不可能な状態の人をどう判断するかという問題がある。そしてそれは、決して簡単な判断ではない。そうした時期であっても、胃瘻による経管栄養を行えば延命は可能であり、場合によってはその延命期間は年単位で長期に及ぶ場合があるからだ。

しかし、延命が可能となる期間が年単位に及ぶとしても、そうした状態は、高齢者自らの生命を維持できなくなった状態にあるという意味で終末期とみてよいというのが、僕が管理者をしていた特養における判断基準であった。そして、その状態であるかどうかを医師が判断していた。しかしこの場合も、利用者本人の意思が尊重されなければならず、医師をはじめとした施設関係者が、胃瘻による経管栄養をしてはならないと決めることはできない。

経管栄養は悪者か？

経管栄養とは医療技術の一つであるのだから、特段それを無用の長物と決めつけることがあってはならないし、ましてや経管栄養そのものを悪者扱いするのはどうかしている。安楽な終末期のために必要な胃瘻造設という考え方も成り立つし、経管栄養によって延命したいという希望もあって当然であり、利用者や家族が経管栄養を望んだ場合、その意思は尊重されねばならない。延命のために経管栄養にするかしないかは、治療にあたる医師が、本人の意思・意向を無視して決めるべき問題ではないし、ましてや施設関係者などのサービス提供者が決める問題ではないからである。

嚥下困難である利用者について、医師が専門性に基づいて回復不能であると状況判断したとしても、利用者自身が経管栄養による栄養管理を希望し、回復を願い治療を続けることはあって当然だろう。そして利用者自身が、経管栄養を行うかどうかを選択した後は、その判断が良かったのか、悪かったのかさえ審判する必要はなく、対象者の判断を尊重すべきである。

そうであるがゆえに、このことを家族が決定するのではなく、できるだけ本人が決定することが望ましい。そのためには、家族同士でお互いが元気なうちから、それぞれの意思を確認し合っておくことが当然であると、すべての国民が考える社会にしてほしい。家族間でお互いの死のあり方を語り合い、最も望ましい終末期の過ごし方の決定が、本人の意向に沿って行うことができる成熟した社会になってほしい。それが僕の主張である。つまり自分の死、愛する誰かの死について語ることを、タブー視させない社会が求められているのである。

リビングウイル・エンディングノートを書くタイミングは？

僕が行う「看取り介護講演」では、このことを説明し、リビングウイルやエンディングノートを記録し始める時期に、「早すぎる」という時期はないと主張させていただいている。自分で決められなくなる前に、間に合わなくなる前に、自分が最も信頼し愛する誰かと、お互いの人生の最終ステージの過ごし方を確認し合っておくことが重要である。

介護施設における看取り介護の場合、相談員は、利用者との信頼関係を得ることができた時点で、終末期の医療や、口から物を食べられなくなったらどうしたいのかなどを文書で確認しておくことが大事だ。そのために僕が管理者をしていた特養では、利用者本人もしくは家族に、「終末期の宣言書」を書いていただいていた。そのことに関して、ある講演会場で次のような質問を受けた。

質問（終末期の宣言書を書いた後に）本人の気持ちが揺らぐことがあると思いますが、そのことについてはどう考えればよいでしょうか。

この答えは、さほど難しくはない。気持ちが揺らぐのは当たり前だからである。終末期の宣言書を書いてもらう際には、記入者に、「この宣言書は、いったん書いたらそれで終わりではありません。いったん書いたからといって、それを変えられないわけではなく、むしろ何度も変更してよいものです。気持ちが変わるたびに書き直しのお手伝いをしますので、その際は申し出てください」と言っている。

そもそも介護施設と利用者の間で交わす「宣言書」とは、法的にはほとんど意味のないものであり、確認書類というレベルでしかない。そしてそれは、施設の責任の一部を免除するような効力があるわけでもない。それは、子が親の意思や希望を確認できないまま、親が回復不可能な嚥下不能状態になった時、経管栄養で延命するか、そのまま自然死を選ぶかという重大な決断を強いて、子の心に重たい十字架を背負わすことがないように、事前に意思確認するためのものにすぎない。

死について語ることが難しい場合は？

介護施設で親を看取る子が、グリーフケアが必要な精神状況に陥ることはほとんどない。それは孝養を尽くしたというよりも、逝く親の年齢からみて、「大往生」と考える人が多いということだろう。しかし長寿の親を看取る場合にも、例外的に深い悲嘆感を持ったり、著しい精神的落ち込みが見られたりするケースがある。それは、親の意思が確認できないまま、経管栄養などの延命治療を一切しないで、そのことで結果的に親の寿命を縮めたのではないかと思い悩むケースである。こうしたケースができるだけ生じないように、親が元気なうちから、その意思を確認しようという意味の宣言書なのであるから、意思表明ができるうちに、意思が変わるたびごとに、宣言内容も変えるというのが健全な発想である。

気持ちが揺れて、その都度相談員に話を聴いてもらい、自分の死について考える機会を何度も持つことは、それだけでも意味があり、必要なことだと思う。

リビングウイルに関連して、次のような質問も寄せられた。

質問

元気なうちに、死について語ることはとても難しい。何度も話し合おうとしたが、どうしても受け入れてもらえない場合は、どうしたらよいのでしょう。嫌だと言われたら、それ以上、繰り返せません。

僕自身は以前勤めていた特養で、数え切れない利用者の方と、終末期の希望確認に関連して、「死」について語り合ってきた。その時に話し合いを拒否された経験はない。その際の経験から言えば、そうした話を切り出すタイミングが問題となり、それは人それぞれで、厳粛な雰囲気で話しかけた方が良い人がいる反面、少しくだけた雰囲気の中で、そうした話に方向転換していくことによって話を引き出せる人もいて、このあたりの空気を読む能力が、相談援助職には求められてくるように思う。どちらにしても、リビングウイルに関連して、利用者自身の死に関連した問題について、利用者の本当の「気持ち」を引き出すためには、聴く側に真摯な対応が求められる。また、そうした場を設けて、話をしていただける信頼感を持たれなければならないという前提がある。

そのために、「終末期の宣言書」については、「担当の相談援助職と利用者間のラポール[※2]が形成された段階で確認に努める」という不文律があった。

相談援助職は、新規に入所された方に対し、リビングウイルについて説明できる関係構築に努めているわけである。この入り口段階の努力なくして、死を語ることができるようになるわけがない。ここは強調しておきたいところである。

とはいっても、「自らの死」を話題にすることや、そのことについて他人と語り合

※2　ラポールとは、「心が通い合っている」「どんなことでも打ち明けられる」「言ったことが十分に理解される」と感じられる関係。

うことに抵抗感を持つ人がいることは事実である。「都会はどうか分かりませんが、地方においてはまだまだ死について口に出すことが良くない風潮があります」という意見もある。それだけこのことは微妙な問題であり、地域により、個人により、受け止め方はいろいろあるのだろうと思う。だからこそ僕は、死を語ることをタブー視しない社会にしようと訴えている。そうした訴えを、これから先も続けていかねばならないと思っている。そのために、全国の様々な場所で行う「看取り介護講演」や「終活セミナー」で講師を務める機会に、そのことを強く訴え続けていこうと思っている。

2-7 看取り介護計画作成の要点とその実際

看取り介護計画作成の要点

特養で看取り介護を実施し、看取り介護加算を算定するには、必ず**「看取り介護計画書」**を作成しなければならない。しかし、看取り介護計画書だからといって、通常の施設サービス計画書の作成ルールと異なる特別な過程や方法が求められているわけではなく、特別な書式が指定されているわけでもない。看取り介護計画書は、その施設で通常の施設サービス計画書を作成する際に行っているアセスメントに基づいて、一連の施設サービス計画作成作業と同様の作業手順を踏めばよい。

そもそも看取り介護計画書は、そう難しい計画策定作業を要しない。なぜなら看取り介護加算算定施設には、「看取り介護指針」があることが前提条件とされているのだから、看取り介護の考え方は、施設理念に基づいたものとして指針の中に示されているはずだ。

例えば指針には、「看取り介護の考え方や視点」といった内容が記されているはずで、施設サービス計画書（1）に書かれるべき総合的な援助の方針（**資料3**）には、ここで示された基本的な考え方を、当該利用者の状況に合わせて書けばよい。

さらに、施設サービス計画書（2）の具体的な援助方法についても、指針の中に必要不可欠な援助内容が網羅されているはずなので、それを参考にしながらボディケア、メンタルケア、看護処置、医療支援体制、家族支援体制などについて、それぞれの課題に応じて、各個人にそれらのサービスが、いつ、誰により、どのように提供されるかということが書かれればよいだけの話だ。それは決して難しい作業ではないはずである。

ただし、ここで気をつけたいことは、看取り介護計画の説明同意の際には、終末期が近づいており、近い将来の旅立ちを見送るまでの計画であることがきちんと説明される必要があるという

資料3●施設サービス計画書の例

第１表

施設サービス計画書（1）

作成年月日　平成22年　11月　5日

初回・紹介・（継続）　（認定済）・申請中

利用者名　　　　　殿　生年月日　昭和○年　6月　1日　住所　北海道登別市○○町○丁目○番地○

施設サービス計画作成者氏名及び職種　○○○○

施設サービス計画作成介護保険施設名及び所在地　特別養護老人ホーム○○○　北海道登別市○○○○○○○○

施設サービス計画作成（変更）日　平成22年　11月　5日　初回施設サービス計画作成日　平成15年　9月　3日

認定日　平成21年　6月　25日　認定の有効期間　平成21年　8月　1日 ～ 平成23年　7月　31日

要介護状態区分	要介護１　・　要介護２　・　要介護３　・　要介護４　・　（要介護５）
利用者及び家族の生活に対する意向	ご本人様からの具体的なご要望の確認が難しいため、日々の援助の中で『安心して、最期までこの場所で過ごしたい』と考えていると推測させていただきました。ご家族より「医師から右肺がん疑いにより全身状態が悪化し回復の見込みが望めず、治療の方法がないとの説明を受けました。住み慣れた緑風園で最期まで対応してほしい、苦痛に感じることができる限り少なく充実した毎日を送ってほしい」との意向を伺っています。
介護認定審査会の意見及びサービスの種類の指定	
統合的な援助の方針	右肺がんによる喘鳴・血痰に伴う全身の衰弱著明で治療が不可能な状態で、主治医の医学的見地から回復不能のターミナルケアの状態にあると判断されました。医療機関での対応の必要性も薄く、ご家族の希望のもとで当園で看取り介護を行います。○○さんの尊厳を守り、身体的・精神的苦痛の緩和と清潔を保つことができるように支援します。また、○○さんが安心して過ごしていただける雰囲気をつくり、穏やかに過ごすことができるようコミュニケーションをとりながら、落ち着いて過ごせる環境づくりに努め、心を込めて最期の瞬間まで援助にあたります。

第２表

施設サービス計画書（2）

作成年月日　平成22年　11月　5日

利用者名　　　　　殿

生活全般の解決すべき課題（ニーズ）	目標				援助内容			
	長期目標	（期間）	短期目標	（期間）	サービス内容	担当者	頻度	期間
1．最期まで住み慣れた施設で寂しさを感じることなく、安心して充実した時を過ごしたい。	・安心して○○さんの希望に沿ったサービスを受け、○○さんらしさが尊重される。	H22/11/05 ～ H23/05/04 6カ月間	・寂しさを感じることなく安心して過ごせる。	H22/11/05 ～ H23/02/04 3カ月間	・お部屋に伺う回数を多く持ち、身体的変化の早期発見に努めます（体温・血圧・呼吸状態など）。	ケアスタッフ全員	随時	6カ月
					・手や肩、背中をさすりながら安心していただけるような声かけを行います。	ケアスタッフ全員	適時	6カ月
					・介護内容を都度説明し、援助の理由を理解していただきます。	ケアスタッフ全員	援助時	6カ月
	・家族や職員の見守りのもと、最期まで緑風園で穏やかに過ごすことができる。	H22/11/05 ～ H23/05/04 6カ月間	・自分が望む時間の過ごし方ができる。	H22/11/05 ～ H23/02/04 3カ月間	・『朝を迎えた』こと・『今日はどんな１日になるか』などを分かりやすく伝えます。	ケアスタッフ全員	援助時	6カ月
					・はい／いいえで応答できるよう声かけを工夫します。	ケアスタッフ全員	声かけ時	6カ月
					・状態が安定している時は活動参加の機会をつくります。	ケアワーカー	活動時	6カ月
					・居室にいる時は状態に合わせて、○○さんの好きなテレビ番組やDVDをかけます。	ケアワーカー	適時	6カ月
					・移動時はフルリクライニング車椅子を使用します。	ケアワーカー	離床時	6カ月
					・座位時は座面に滑り止めマットを敷きます。	ケアワーカー	離床時	6カ月
					・薬剤の副作用の確認をします。	看護職員	適時	6カ月
2．無理なくおいしいものをできる限り食べることができ、経口摂取が難しくなっても食べものを味わう機会を失いたくない。	・状態に合わせて○○さんの望むものが食べられる。	H22/11/05 ～ H23/05/04 6カ月間	・無理なく好きなものを摂取できる。	H22/11/05 ～ H23/02/04 3カ月間	・状態をみながら好きなものの摂取援助を行います。	ケアスタッフ全員	適時	6カ月
					・水分や汁物にとろみをつけ、状態に合わせて摂取援助を無理なく行います。	ケアワーカー	適時	6カ月
					・点滴で対応します。	看護職員	適時	6カ月
			・口腔内清潔が保たれ、保湿されることで不快感を感じない。	H22/11/05 ～ H23/02/04 3カ月間	・酸素を使用します。	看護職員	適時	6カ月
					・口腔内清拭をこまめに行います。	ケアワーカー	適時	6カ月
					・口唇にリップクリームをこまめにつけ保湿します。	ケアワーカー	適時	6カ月
					・歯磨き援助を行います。うがい薬を使います。	ケアワーカー	3回／日	6カ月
3．皮膚状態の悪化がなく過ごしたい。	・清潔を保ち、気持ちよく穏やかに過ごせる。	H22/11/05 ～ H23/05/04 6カ月間	・安楽な姿勢を保ち、不快感なく過ごすことができる。	H22/11/05 ～ H23/02/04 3カ月間	・定時陰部洗浄（9:00、15:00）、陰部清拭援助を行います。	ケアワーカー	2回／日	6カ月

ことだ。説明を受けるすべての人が理解できるよう、看取り介護計画書は、その状態を伝えられる内容でなければならない。

そのため総合的な援助の方針では、そのことを明瞭化しておく必要がある。この時、回復不能な終末期であるということをあいまいにしたまま、延命が期待できるような誤解を与えてはならないのである。

看取り介護計画は、生きる過程を支えるための支援計画ではあるが、それは限られた期間の支援計画であり、死というゴールが確実に訪れることを理解していただかねばならない。その前提に基づきながら、施設で最期の瞬間まで安楽にお見送りするためには何が必要かを考え、最期まで安楽に安心して暮らし続けられる方法論を示していることを、キーパーソンだけではなく他の家族にも説明し、明確に理解して合意できる内容にしておかなければならない。

対象者が終末期であり、延命が期待できないことを理解できない家族が一人でも存在していれば、対象者の死後、その誤解によって後に複雑な問題を生じかねないことにも注意が必要である。特養という施設の中で、終末期支援としてできる行為と、できない行為をはっきり示した上で、同意を得るということが重要である。

看取り介護計画の実際

ここで、4人部屋で暮らしていた方が看取り介護の対象となったケースの、看取り介護計画書の内容を紹介させていただきたい。本ケースは、医師より家族にムンテラを行った際、家族より最期まで当該施設での暮らしを継続させたいという希望が出され、自分たちもできる限り最期の瞬間を看取りたいので、気兼ねなく対応できる個室に移りたいと希望され、個室対応に切り替えたケースである。

参考までに解説しておくが、看取り介護のために移動する個室が従来型個室である場合には、「感染症等により従来型個室への入所の必要があると医師が判断した者であって、当該居室への入所期間が30日以内であるもの」に該当するとして、多床室にかかる介護報酬を適用することになるので、利用者の負担費用に変わりはない。

本ケースは個室に移動する日の朝礼において、当該利用者が新しい居室へ移動して看取り介護に移行することを説明・確認した上で、できるだけ訪室機会をつくって声かけするようにスタッフに対してアナウンスし、看取り介護計画書の確認を行った。このように看取り介護計画書は、施設の全スタッフが事前に内容を確認しておくことが原則であり、担当ではないからといって無関心であったり、確認を怠ることは許されない。

本ケースの計画書の内容は、次のとおりである。

【第1表】

(利用者及び家族の生活に対する意向)

ご本人の明確な意向を確認することが難しいため、日頃のかかわりを通して、『歌を聞くことが好きだった。居室に一人でいると不安になることがあり、できるだけ一人にしてほしくない。夜は暗いと不安になるので電気をつけてほしい。時々眠れない時があります』と推測しました。

ご家族より、「ここで最期まで暮らしてほしい」「最期の瞬間まで安楽に過ごせるように家族も見守りたいので、個室で対応してほしい」との意向を伺っています。

(総合的な援助の方針)

嚥下困難で誤嚥性肺炎を繰り返しており、全身機能が低下し、医師より絶飲食指示が出された。経口摂取が難しく、治療も困難な状態で、今後も経口摂取できる状態には回復しないと予見され、主治医の医学的見地から回復不能な終末期にあると判断されました。○月○日時点で、余命はおよそ○日間と判定されております。医療機関での対応の必要性もなく、ご家族の意向のもと当園で看取り介護を行います。○○さんの尊厳を守り、身体的・精神的苦痛ができる限り取り除けるように努めると共に、心地よく暮らすことができるよう清潔を保ちます。○○さんが少しでも安心して過ごすことができる雰囲気をつくり、思いを受け止めるよう努めます。最期の瞬間まで寂しさを感じず充実した時間が過ごせるよう、心をこめて援助にあたります。

【第2表】

(解決すべき生活課題1)

・「不安なく暮らしたい。眠れないことがあります」と推測します。

・嚥下機能が低下し、全身状態悪化のため、看取り介護に移行します。口からの食物摂取ができないために、唾液の分泌低下が懸念され、保湿と保清の支援が必要です。○○さんが安心して暮らせる支援が必要です。

(長期目標)

・最期の瞬間まで安心して過ごすことができる。

(短期目標)

・援助を受け、不安や寂しさを感じず過ごすことができる。

・口腔内の清潔が保て、苦痛なく過ごす。

(具体的な支援内容)

・訪室回数を多く持ち、身体変化の早期発見に努めます(体温・血圧・呼吸状態など)。

・手や肩をさすりながら、安心できるような声かけに努めます。
・夜間は枕元の電気をつけます。
・居室で、状態に合わせて好きな歌やＤＶＤをかけます。
・口腔内はこまめに清拭します。
・口唇・口腔内の保湿援助を行います（保湿ジェルと、かんきつ系ジュースでの口腔清拭）。
・加湿器を置き、終日作動させ乾燥を防ぎます。

（解決すべき生活課題２）

・「皆と一緒に過ごすことや歌や踊りが好きだった。娘たちが来てくれて嬉しい」と推測します。
　充実した時間が過ごせる支援に努めます。

（長期目標）

・楽しいと感じる充実した時間が過ごせる。

（短期目標）

・朝・晩の区別がつき、メリハリある時間が過ごせる。
・不安な気持ちが和らぐ。

（具体的な支援内容）

・『今は何時か』『何があるか』など時間や季節、天候などを分かりやすく伝えます。

・個室を使用します。○○さんやご家族が過ごしやすいよう部屋の環境を整えます。
・体調をみて、離床や活動への参加機会をつくります。
・活動場所まで誘導し、参加中はどんなことをしているか説明します。
・フルリクライニング車椅子使用時、肘・背中にクッションを当てます。姿勢をこまめに調整します。
・状態に合わせて、他利用者と一緒に過ごす時間をつくります。職員が他者との会話を取り持ちます。

(解決すべき生活課題3)

・「いつでも快適な状態で過ごしたい」(看取り介護に移行します。痛い思いや不快感のない生活が送れる支援が必要です)

(長期目標)

・最期の瞬間まで快適に生活できる。

(短期目標)

・不快感が少なく過ごす。
・皮膚の清潔を保ち、傷・変色をつくらない。

（具体的な支援内容）

・おむつ交換援助、陰部洗浄を行います。

・体の位置・痛みを確認しながら、体位変換と全身マッサージを行います。

・電動エアーマットを敷きます。

・皮膚の観察を丁寧に行います。

・全身に保湿剤を使用します。

・脇下→タオル、両下肢→厚めのクッションを挟み、拘縮を予防します。

・状態をみて、特浴入浴援助を行います。

・体清拭を行います。

・顔清拭をこまめに行います。

・排便確認し、必要時は坐薬調整します。

・右足尖足予防のためクッションで足先を良姿位、足首を90度の角度に保ちます。

（解決すべき生活課題4）

・「体を動かす時は、痛みが少ないようにしてほしい」と推測します。お身体の状態に合わせて、無理なく楽に過ごせる支援が必要です。

（長期目標）

・痛みが軽減でき、けがなく過ごせる。

（短期目標）

・安全・快適な環境で過ごす。

・援助を受け、負担の少ない生活が送れる。

（具体的な支援内容）

・援助内容を分かりやすく説明し、対応にあたります。

・点滴対応します。

・必要時、酸素を使用します。

・体温・気温・湿度・換気に配慮します（掛け物調整、湯たんぽ使用など）。

・頭部の上げ下げの際は、体の痛みがないか声をかけながら対応します。

・脱ぎ着しやすい衣類を着用していただきます。

・スライドボードを使用し、2人で移乗援助します。

・ベッドは一番低くします。ベッド柵の位置に配慮します。

・体調が安定するまで絶食対応します。状態をみて、無理のない範囲で好みのものが摂取できないか、医師に相談し、検討します。

以上である。なお、実際の計画書に記載されている頻度や担当者などは割愛する。

2-8 悔いのない看取り介護のためのスタッフ連携

連絡ノートを活用した他職種との連携

看取り介護を実施している最中は、担当ユニットごとに様々な工夫をすることになる。その中には、フローチャートで決められた内容以外の工夫も見られる。それは、看取り介護対象者の個別性へ配慮した工夫であり、常にベストの結果を求めようとするスタッフの意欲の表れでもある。誰かに強制されなくても、そういう工夫をしてくれるスタッフの存在が、介護実践を支える最大の力だ。そしてそれは決して優れたスタッフが一人だけで実現できることではなく、チームとして機能する実践の場でこそ可能になる方法論だ。それぞれのスタッフの業務に対する使命感や誇りによって支えられる方法論でもあるが、同時にその場所でお世話させていただいている利用者への深い愛情によって支えられる方法論でもあり、とても大事なことではないかと思う。

資料4は、ある方の看取り介護中の方の状況を記したノートである。このノートは看取り介護

資料4 ●訪室者へのお願い～連絡ノートより

☆ 訪室の際は 同室者にも声を掛けましょう

☆ 右側（テレビの方）を向いている時は DVDをかけて下さい（音楽DVD）
左向きで開眼している時は、そのままで
音は小さめに 眠っている時は消して下さい
（北国の春が好きです☺）

☆ 耳はしっかり聞こえています
沢山お話して下さいね

☆ 時には刺激も必要です
体交で横を向いた際はマッサージやタッピングをしてみて下さい

背中

クルクル

トントン

対象者のベッドサイドに置かれ、他の担当ユニットや介護職員以外の他職種への連絡に使うノートである。もちろん家族や、その他の面会の方も見ることを想定しているものだ。そこに担当ユニットのスタッフが、訪室する方々にどのような協力をしてほしいかを書いているが、これは非常に分かりやすかった。

本ケースの看取り介護対象となった方については、皮膚が非常に脆く、発赤、皮むけ、褥瘡などのリスクが高い方であった。そうであるがゆえに、担当者の一番の懸念は、看取り介護中に、皮膚障害が発生し、安楽ではない状態になることであった。それを防ぐために様々な工夫を行う過程で、他ユニットのスタッフや他職種のスタッフにも協力を求め、それがうまく機能したものである。こうした工夫は、次の看取り介護に必ずつながっていくものだと思う。

本ケースの「看取り介護終了後カンファレンスの報告書」（**実務資料2**）から、一部の記録を抜粋してみたい。

（担当ケアワーカーの評価・今後の課題）

担当として私自身、看取り介護開始当初「何でこんなに早く看取りになったのだろう」と疑問に思い、受け入れるまで少し時間がかかりました。担当ユニットは、看取り介護の経験がないスタッフと、経験が少ないスタッフが半分で、どうしたら担当の思いが全スタッフに伝わるか考え、看取り介護開始すぐに、「看取り介護になりましたノート」を作成しました。

施設サービス計画書はもちろん、担当としてスタッフにしてもらいたいこと、環境整備のお願いや家族への状態の説明に役立てばと思い、毎日の様子を簡単に記入しました。

副主任と一緒に、使用する体位変換枕・クッションの種類を考え、側臥位も身体の拘縮に合わせて左右で枕の使用の仕方を変えたので、分かりやすいよう図にしてノートに記入しました。皮膚が非常に脆く傷や変色など皮膚トラブルが多い方でしたが、そのことが「最期まで絶対に傷をつくらない」とスタッフの気持ちを一つにし、体位変換や皮膚の観察・マッサージを指導し合い、看取り介護開始から最期まで皮膚トラブルなく援助ができてよかったです。担当としての思いを他のスタッフにも汲み取ってもらえたと思うので、今後はノートという形ではなくても、看取り介護を実施する上でプラスになればいいと思います。

元々、家族の面会の頻度は多くなく、来てもすぐに帰られてしまい、普段の様子を説明する程度にとどまり、関係性が薄いままで看取り介護開始となりました。家族も「こんなに悪いと思わなかった」と看取り介護になったことを受け入れられず不安を抱いていた様子で、初めは表情が硬く、思っていることをあまり話してくれていなかったと思います。3日に1度は面会に来られ、1時間以上付き添い過ごされていたため、家族とのコミュニケーションも多く取れるようになるにつれ笑顔で帰られるようになり、良い関係性を築くことができたと思います。

誕生日を目標にし、日にちが近づいて来ると「どんな誕生会にしよう？」「目を開けて見てくれるといいね」「休みのスタッフも全員参加の会にしよう！」とスタッフそれぞれが口にしてくれ、一緒に考えてくれましたが、迎えることができず残念でした。

夜間は各ユニットごとに1人配置体制のため、排泄援助に回っている時間や他利用者の対応中に急変していたらと思うと、夜勤者の負担や不安は大きいです。そんな中、ユニットに固定配置していないユーティリティの夜勤者[※3]Fの存在は大きく、最期の時も夜間だったので「Fさんが頻繁に様子を見に来てくれ心強かった。一緒に看取ることができてよかった」と夜勤者から聞いています。最期の瞬間も家族に手を握られ、主も寂しくなかったと思います。

（家族の評価）

対応や介護についてすべて満足しています。このような機会に直面することが初めてで何も分からないことばかりでしたが、こういう最期の迎え方もあるのだと感じ、自分自身も含めていろいろ考え勉強となる機会でした。本当はもう少し長くここで生活できると思っていましたが、人の寿命はそれぞれなのでしょうがないですよね。最期も看取ることができたのでよかったと思います。

※３　本来夜勤をしない主任ケアワーカーが、夜間の利用者の状態把握のために、不定期にユーティリティ夜勤者として配置される日がある。

（総合的な評価と今後の課題）

1　評価

・皮膚が弱く、看取り介護になる前は皮膚トラブルや傷が絶えない利用者であった。看取り介護になり、主任ケアワーカーが傷をつくりたくないという思いが各介護職員に伝わり、褥瘡や傷をつくることなく最期を迎えることができたことを評価する。

・傷や褥瘡をつくらないために、新人職員が対応しても同じ対応ができるように体位変換などのマニュアルを作成し、いつでも確認できるように主のキャビネットに置いていた。また、『看取り介護になりましたノート』を作成することで、介護職員間の意見交換を行うことができた。それにより、○○さんの思いに沿った看取り介護ができたと評価する。

・亡くなられた時間も関係はするのだが、当日の勤務者Fが本館2階の主任ケアワーカーということもあり、息を引き取られるまでの間、ご家族と一緒に過ごすことができた。また、その際に主の状態についてご家族に話をすることで、ご家族が安心された様子があった。主の最期に家族と職員が付き添えたことを評価する。

2　課題

・家族とのコミュニケーションについて、ご家族は月1回～2回、面会に来られていた。看取り介護前は、介護職員とほとんど会話をすることがなく経過していた。看取り介護になることで来園も多くなり、家族とコミュニケーションを取れるようになった。いつも課題に挙がることだが、看取り介護になってからではなく、日頃から職員が積極的に家族に話しかけることの重要性をあらためて感じた。

以上である。施設のスタッフが、いくら看取り介護に熟練・精通しようとも、看取り介護の対象となる人は、生涯それがたった一度の体験であり、不安を持って当然である。家族の方々も、そういう場面に慣れているわけではなく、様々な不安を抱えていることだろう。惰性ではなく、心からの気持ちを込めたコミュニケーションは、その不安を和らげる重要な要素になる。我々はそうした状況で、大切な命が燃え尽きる最期の瞬間までかかわりを持つことの意味を考え続け、その人にとってベストの環境を整えてお見送りするという謙虚で真摯な態度を、決して失ってはならないのである。

第3章

職員教育に活かすノウハウ

看取り介護は日常ケアの延長線上にあり、決して特別なケアではないが、誰かの人生の最終ステージでもある。そうであれば、命の期限が切られている人を支える人は、真摯に謙虚に周囲から学び、自らを高める努力が不可欠である。

3-1

看取り介護は特別なケアではなく、日常介護の延長線上にあるもの

看取り介護だけに特別な精神的負担があるのか？

２０１５年（平成27年）４月の介護報酬改定時に、特養の看取り介護加算算定ルールの一部改正が行われ、ＰＤＣＡサイクルの構築による看取り介護の実施が求められた。ＰＤＣＡサイクルとは、計画（Plan）、実行（Do）、評価（Check）、改善（Action）の頭文字をとって表したサイクルである。この評価（Check）要件の中で、「職員の精神的負担の把握と支援」が義務化された。

僕が管理者をしていた特養では、看取り介護を行うことで、スタッフがストレスを感じるという訴えはなかったが、このサイクルのルールに沿うために、看取り介護に関してストレスを感じることがある場合には業務記録に記載するように指示すると共に、「看取り介護終了後カンファレンス」のために事前に記載する「各部署の評価と課題」には、スタッフの精神的負担の有無という項目を新たに設け、「有り」の場合はその内容を具体的に記入するということを義務づけた。しかし、平成27年度1年間で、そこに「有り」と書いてくる部署はなかった。

そもそもこのルールは何を想定しているのだろう。看取り介護を行うためにはスタッフに特別な心構えが必要で、それはストレスにつながると考えられているのだろうか。仮にストレスがあるとしたら、それは看取り介護に限った問題ではなく、介護サービスそのものに存在する精神的負担なのではないだろうか。看取り介護だけに特別な精神的負担があって、支援を必要とするものではないような気がする。もしそれがあるとすれば、看取り介護対象者の死後、遺族が悲嘆にくれ、その感情に巻き込まれてしまうということが考えられるが、看取り介護の場でしっかり家族支援を行い、看取り介護対象者の安楽な旅立ちをお手伝いできれば、家族は愛する人の死に哀しみの感情を抱くとしても、悲嘆にくれるということにはならず、そこでスタッフが精神的負担を持つことにもならないだろう。そもそも遺族の感情に巻き込まれる最大の要因は、統制された情緒関与の原則を遂行していないという意味であり、別の意味での教育や訓練が必要だ。

看取り介護実践こそ定着率を高める切り札になる

むしろ看取り介護の実践は、スタッフの仕事に対するやりがいを生む。そこで生まれる様々なエピソードの中で、スタッフは家族の愛を垣間見ることによって感動し、感激し、成長していくのである。それは決してストレスにつながるものではない。適切な看取り介護を行い、家族に喜んでいただけることでスタッフのモチベーションはアップし、離職するスタッフが減るという結果につながる。それは看取り介護の実践こそ、スタッフの定着率を高める切り札となり得るという意味である。これは希望的観測でも幻想でもなく、僕がこれまで行ってきた実践の場で存在する事実であり、その事実がある限り、誰もそれを否定することはできない。

看取り介護とは、たまたま命の終焉の時が予測されるというだけの話で、その予測ができない時期の介護と決定的に違うものではなく、日常の介護の一部でしかない。そこにいる誰かを、我々ができ得る最大限の行為で護ろうとするならば、命の尽きる時期の予測がされていたとしても、できること、すべきことは日常の介護と変わらない。なぜ看取り介護を特別視せねばならないのだろうか。もちろん、終末期という時期の配慮などの知識は必要だろう。しかしそれは看取り介護の知識ではなく、介護そのものの知識であり援助技術である。

看取り介護実践の積み重ねが人としての成長につながる

看取り介護の実践は、我々に想像もつかない多くの経験を積ませてくれる。そこで生まれる様々なエピソードによって、我々は時には感動の涙を流しながら、人として成長していくことができる。それはあたかも亡くなられた方の命が、様々な人の心に再生されていくかのようだ。人の歴史とは、人の命が様々な形で、過去から未来へつながっていることを言うのではないだろうか。我々はそのことを、「命のバトンリレー」と呼ぶようになった。我々は看取り介護の実践という形で、そのバトンがうまくつながるようにお手伝いすることに感動を覚え、そういう支援行為に携わることができることに感謝するようになった。そしてそのことが、介護という職業が素晴らしい職業であることの証明であると考えることにつながり、介護という職業の使命と誇りを感じるようになったのである。それは多くのことを我々に学び取らせてくれたという意味で、旅立っていった人の贈り物なのだと思う。命のバトンリレーをお手伝いする我々も、旅立つ人から渡されているものがあるということなのだ。

祖母が看取り介護に移行したことを知った30代前半の孫夫婦が、小学校に入学したばかりのひ孫を連れて面会に来た時、痩せて容貌が変化している曾祖母を見て、ひ孫は怖くて近づくことができなかった。しかし何日か続けて面会を重ねるうちに、そこに寝ているしわ深い人が、自分の親の祖母だということを理解し、だんだんと怖がらずに近づけるようになった。そして介護職員から、「ひいおばあちゃんの顔を拭くから手伝って。きっと喜ぶよ」と言われ、顔を拭いたり、唇を水でぬらしたりすることができるようになっていった。ひ孫がスタッフと一緒にベッドに横たわる曾祖母の顔を拭いている姿を見て、その子の親である孫が、「自分が子どもの頃に可愛がってくれたおばあちゃんに、何十分の一でも恩返しができたかもしれない」と言って泣いている。そのことを孫夫婦は一生忘れないだろう。そして大きくなるにつれて、その時のことを自分の子どもに伝えていくことだろう。亡くなられた祖母の命が、こんなふうに孫から、ひ孫に伝えられて、それは永遠の命になっていくのである。

自分を可愛がってくれた利用者の死の瞬間に立ち会ったスタッフが、看取り介護終了後カンファレンスに備えて報告書を書いた。そこには次のような一文があった。

「息を引きとる時にそばにつくことができたが、一度息を引きとった後、何度も大きな声でご本人の名前を呼び体を揺すると、再び息を4~5回ほど吹き返したが、そのまま静かに看取ればよかったと今思えば反省している。頑張って、頑張って生き、静かに眠るように息を引きとったのだから、もう少し冷静に静かに見送るべきだった。ご本人は元気な時からにぎやかなことは嫌いで、静かに過ごすことが好きだったので『うるさいなぁ』と言いに戻って来たように思う。最期までご本人らしかったです」

このスタッフは、亡くなられた方が孫のように可愛がっていたスタッフだった。そうであるがゆえに、このスタッフのことを日頃から気にかけて、叱ることがよくあった。しかしそれは愛情からの叱咤激励であり、スタッフもそのことをしっかり受け止めていた。

その人がいったん呼吸が止まった後にも、慌てないで騒がないようにと教えるために息を吹き返したと思って、このような報告内容になったのだろう。

おそらくこれは、チェーンストークス呼吸という現象が起こったもので、何ら不思議なことではない。しかし施設長として僕は、長らくこのスタッフにそのことを教えず、「○○さんの最後のメッセージをしっかり受け止めて、良いスタッフになろうね」と言った。チェーンストークス呼吸という知識を伝えるよりも、可愛がられていたあなたに最後に送られたメッセージがあると伝えた方が、彼女の成長に結びつくと思ったからだ。

後にこのスタッフには、チェーンストークス呼吸についての正しい知識を伝えたが、どちらにしてもこのスタッフの心の中には、その時看取った人の思い出が、チェーンストークス呼吸という知識と共に残っていくことだろう。それはきっと彼女の財産になるのではないだろうか。

こんなふうに、我々は看取り介護の場で、逝く人々から様々なものを渡されている。個体としての生命は、いつかは尽きてしまうが、人間としての存在は、人々の心につなげられ、人はいつか永遠なるものに変わっていくのだ。

だから命は尊く素晴らしいと思う。そのバトンリレーにかかわることができることを心から感謝して、尊い命に対して謙虚に真摯に寄り添っていくことが、我々の「看取り介護」なのである。

人生の最終ステージを生きる人に、安心と安楽な日々を提供するために何が必要かを考えながら、その実現のために、日々の介護サービスを創造していく過程で、スタッフは介護という仕事の魅力を再発見していく。そして、看取り介護の場面で生まれる様々なエピソードを経験しながら、人として成長していくのである。看取り介護対象者と、家族の命のバトンリレーを肌で感じることで、介護の職業に就いてよかったと感じ、介護という職業の誇りを感じ取っていくことができる。それはスタッフの仕事に対するモチベーションアップにつながり、定着率のアップにもつながる。

しかし、看取り介護とは決して特別なケアではない。それは日常介護の延長線上にあるものであり、日頃の介護の質を高める努力と、高齢者の最晩年期の暮らしを護るという理念が求められるだけである。そして看取り介護とは死の援助ではなく、人生の最終ステージを「生きる」ことをいかに支えるかが問われるものだ。もちろん、看取り介護には医療的支援が欠かせないが、それはあくまで緩和医療であり、延命治療は必要とされないし、対象者が旅立つ瞬間に医師や看護師がいなければできない対応ではない。これは「介護」であることを忘れてはならない。

3-2

看取り介護の評価の意味〜天のない介護の実践として

看取り介護における終わりなき改善

僕が特養の施設長に就任した際に、トップダウンで実施することを決めた「看取り介護終了後カンファレンス（デスカンファレンス）」は、アリバイづくりのために形式的に行われるものでもなければ、反省・後悔するためだけのものでもない。それは介護施設などで生活している方たちに、これから活かす・つなげるためのものであり、そうでなければ意味がない。

看取り介護対象者は、亡くなるまでの間に、我々に実にたくさんのことを教えてくださるが、看取り介護終了後カンファレンスを通して、亡くなった後でもたくさんのことを教えてくださる。そのことの大切さを痛感しながら、打ち出された課題を一つひとつ改善していくには、どんなことをしたらよいかと具体的に考えることができる場が、看取り介護終了後カンファレンスである。

だからといって、カンファレンスで反省さえしていればよいということにはならない。そもそも看取り介護は、対象者にとっては人生のラストステージなのだし、その人にとってはたった一回きりのものなのだから、自分に対する失敗を反省して、次の人の成功につなげることを許してくれるような人はいないはずだ。だから一つとしてベストを尽くさなくてよいケースがあろうはずがなく、本来であれば常にベストの結果を求めねばならない。よって反省点がない看取り介護ができれば、それに越したことはない。

しかし、神ならざる身であるがゆえに、予想や想定を超えた状況で、結果として失敗だったと思われる状況をつくり出してしまうのが人間である。それらを一つひとつつぶして、なくしていかねばならない。

さらに言えば、我々はその時点でベストと思った状況以上のものをつくり出す可能性を常に持っていることを信じて、反省点は失敗とは限らず、この成功をさらなる成功へいざなっていくものだという意味で、常に課題を探していくという姿勢は必要だろうと思う。最もまずいのは、同じ反省が何度も繰り返されることである。それは同じ失敗が繰り返されているという意味で、話し合いが具体的な解決策に結びついていないということである。そんな会議を何度繰り返しても意味がない。そして考えなければならないことは、看取り介護は、終末期のケアとしてだけ考えられるべきものではなく、日常のケアの延長線上にあるものであり、日常ケアの反省、ひやり・はっとをごく自然に看取り介護にも活かす視点が必要だということである。

日常のひやり・はっとの報告が活かされなかったという意味で、大いに反省しなければならない看取り介護のケースが過去にあった。このような失敗を二度と繰り返してはならず、そのことを自戒の意味を込めて紹介したい。

利用者の一人が体調を崩して衰弱が激しくなり、医療機関に入院を余儀なくされた。その後入院中の医療機関でもさらに体調が悪化し、医療機関の担当医師によって終末期であると判定された。家族は当該医師の勧めもあって、介護療養型医療施設への転院を考えていた。しかし、ご本人が「特養に戻りたい」と強く希望され、家族間での話し合いの結果、その意向を受け止め、住み慣れた特養に戻ってくることを決断したケースである。

しかし、施設に戻ってきて看取り介護対応を行ったものの、その際に使用していた電動エアーマットについて、十分な機材確認が行われないまま使用してしまったために、マットに穴が空いている状態に気づかず空気が抜けてしまい、除圧が十分されないことが原因で、わずかの時間で背中に発赤（ほっせき）が生じてしまった。残念なことにこのケースでは、最期まで皮膚状態は改善せずに終わってしまった。このことにより、看取り介護対象者に少なからず苦痛を与えてしまい、大いなる反省が求められる結果となった。

ご本人は、痛みのことをほとんど口にせず、「ここに戻ってこれてよかった」という言葉を最期まで発してくれたが、そうであるがゆえに、我々は心中をおもんばかりながら、このことの反省を忘れてはならないし、二度とこのようなことがあってはならない。当時の相談室長である介護支援専門員が、本ケースの評価として次のように看取り介護カンファレンスの報告書を書いている。

『看取り介護を「あきらめない介護」として実践する中で、ご家族の理解や協力がとても重要であることを実感した。当初ご家族は看取り介護を「あきらめる介護」と思っていたようだが、話し合いを重ね実際の援助を目の当たりにすることで、少しはその意味を知っていただけたのではないかと思う』

つまり、皮膚障害を発生してしまうことは、家族にとって「仕方のないこと」という意識につながり、あきらめさせてしまったのである。そのため変化に気づいた家族からスタッフへの情報が挙がってこなかったのも、皮膚状態を悪化させた一つの要因となった。もちろん、家族が気づく前に、スタッフが気づかねばならない問題ではある。このことも大いに反省すべき点として、その後の教訓として活かしているところである。

対人援助サービスの場で同じようなミスが繰り返されるとしたら、サービスを利用する人に対して、僕たちは常に背信行為を繰り返すことになりかねず、このことを仕方ないとあきらめることがあってはならない。見ないふりをして見逃すことも許されない。介護事業の管理者の立場の人であるなら、このことにも細心の注意を払う必要があり、そのことでスタッフからうるさがられたり、嫌われたりすることを厭わないことが大事である。

次のようなケースもあった。「看取り介護終了後カンファレンス」を行った際の、遺族の事前アンケート結果に書かれていた感想である。

(家族の評価) 情報の出所―アンケート

ご家族より「すべてにおいて満足している、これ以上申し上げることはないくらい、感謝しています」との評価を伺っています。

従弟より「いつでも良くしてもらって本当にありがたい気持ちでいっぱいです。職員の皆さんが、いつでも元気よく笑顔で挨拶をしてくれたことが一番驚きました。ほかでは見ないことです。皆さんのその心がけが何よりも素晴らしいと思います。よくここまできちんとできると、いつ来ても感心して見ていました。ここならおばさんを任せて安心だとも思ったし、実際に本当に良くしてもらった。本当に感謝しています。おばさんもそんなに苦しまないで最期を迎えたのではないかと思う。退園する時も最後の最後まで、皆さんに送っていただいたこと、涙が出るほど嬉しかったです」とのお話を伺っています。

これだけを読むと、さぞや完璧な看取り介護が行われたと思われるかもしれない。しかし僕自身は、少し違う思いを持ってこのケースを評価していたので、あえて検討事項を次のように指摘して、カンファレンスで議論してほしいと宿題を出した。

〈施設長の評価・課題〉

出勤時に訪室することが多かったが、その際には眠られていることが多く、特段苦痛の表情は見られなかった。しかし他ユニットから、酸素マスクの外れや、ギャッジベッドが起きたままで、苦痛があったのではないかとの指摘があるので検討していただきたい。どちらにしても看取り介護の場合、最大に配慮すべき点は、安楽と安心の暮らしが送れるかということであり、いかに苦痛のない状態で最期の瞬間を迎えることができるかであるということを再確認してほしい。

そのことも含めて議論した結果が、次のとおりである。

〈総合的な評価・課題〉

・すべての部署のコメントより、○○氏に対する看取り介護援助は適切に実施できており、ご本人・ご家族共に苦痛や不安のできる限り少ない状態で過ごすことができていたものと評価する。各部署からの意見を踏まえ、以下の評価・課題を挙げ、今後に活かせるよう努めることとする。

・担当ユニットスタッフの対応―一人ひとりがご本人のことを心から気にかけ、大切な存在としてかかわっていたことが強く感じられた。丁寧に援助していた。

・ベッドが上がっていた件―おむつ交換介助後に、ベッドの高さを上げた状態のままでいたことがあった。呼吸苦や痰絡みがあったため、頭部をやや上げて呼吸をしやすい状態にしていたが、たとえ自力での体動がないと思われる場合でも、万が一転落などの危険性がある。そのため介助後は、速やかに高さを戻すべきであった。看取り介護に限らず、ベッドの高さを介助しやすい状態に上げた場合は、終了後必ず元の高さに戻すことを忘れないよう介助者自身気をつける。スタッフ間でも確認・注意し合うようにする。

・酸素マスク―皮膚の保護目的でガーゼや綿花を挟んでいたが、左右別々の素材を使用していることがあった。使用する素材は今後、注意と配慮が必要である。また見栄えが良くないとのことだが、現時点で酸素マスク自体に保護目的で使用するものはないとのこと。何か良い方法がないか、意見を募ることとする。酸素マスクは少しの体動で外れやすい状態だったが、顔に合ったマスクを使用しており、他ユニット・他職種を含め、頻繁に訪室し都度かけ直す対応ができていた。

・環境整備─①体位変換枕が乱雑に置いてあった。②未使用のおむつが袋ごと洗面台下に置かれていた。2点ともすぐに対応していたが、常に環境が整っているかを配慮することが必要。それを声に出し、指摘し合える関係性ができていたことを高く評価する。気になった点は、今後も互いに声に出し伝えましょう。

・離床・行事参加─『安楽と安心の暮らし』という観点から見直すと、無理に離床し活動参加をせずに、居室で過ごすことが妥当だった。また看取り介護以前のご本人は、活動参加よりもテレビをじっと見て楽しんでいた。以前からの習慣や好みに沿った援助を行うことが、いかに『安楽と安心の暮らし』につながる大切なことであるかを再度確認し、日々の援助に活かしていくこととする。

・ご家族の評価─とても嬉しかったとの意見あり。また、ご家族自身の姿勢も職員が話しやすい雰囲気だったため、良好な関係が築けたのではないかとの意見も挙がる。挨拶はどの利用者・ご家族ともかかわる上で、最初にかける大切な言葉である。いつも見ている方がいることを忘れず、自身を律して声に出していきましょう。

以上である。その上で、次のような意見で報告書は締められていた。

（その他）

以上の評価より、担当ユニットスタッフおよびそれ以外のスタッフが対象者の部屋へ訪室回数を重ねる意味は、次のとおりであると考えます。

・他ユニットスタッフの援助技法を学ぶ時間
・危険な点はないか、苦痛なく過ごしているか確認する時間
（ベッドの高さ、酸素マスクが外れていないか、呼吸状態はどうだろうかなど）
・環境は整っているか確認する時間
（衣類・布団の乱れはないか、おむつ・未使用枕など乱雑に置いていないかなど）
・その方に声をかけ、少しでも不安を取り除く時間
・ご家族に挨拶し、面会に来やすい雰囲気をつくる時間

このどれか一つでも実践したいと思うように全スタッフが意識を向上させて、自ら足を運ぶ機会が増えてほしいと思います。

ご遺族から、次のような指摘を受けたケースもある。

（＊多床室を利用していた方で、その部屋で看取り介護を行ったケース―看取り介護実施期間3日間）

「個々の行事、イベントなど心のこもった愛情にあふれたことを提供してくださり満足しています。ケアワーカーの挨拶や対応時の心温かい言葉かけは大変嬉しく感謝しています。衣類などは整理整頓をしていただきありがとうございました。たくさんの職員の皆様の温かい声かけが多くあり、大変感謝しています」という評価をいただいた上で、不満に感じたこととして、次のような指摘を受けた。

- 環境として落ち着かない。看取り介護はもう少しゆったりした空間で過ごしたかった。カーテン仕切りのため中が見え見えで、音・会話全体が外に聞こえてしまう。トイレのカーテンは消毒をまめにしているのか、ベッドは誰が清掃しているのか、衛生面で不安を感じた。感染症などの予防取り組みはされているのか。家族が使用できるトイレが欲しかった。
- 居室のしつらえについて考えてほしい、その方のなじみの物を置くなどの配慮が欲しい。居室に大きな酸素ボンベを置くと居室内が狭くなり、ぶつかって倒してしまうのではないかと不安。また、見た目も怖かった。
- 利用途中での身体的変化の経過説明が欲しかった。悪化してから報告を受け、最近の状態変化の理解がようやくできた。日常生活内でいつもと違う様子をキャッチしたなら、専門職からの報告がもう少し早く欲しかった。目配り、気配りをしてほしい。医療と介護の連携プレーの重要性を感じた。介護スタッフの情報を看護サイドで受け止めることが必要ではないかと感じた。

これに対して、担当ユニットから次のように改善対策が示された。

①看取りの居室が静かな環境ではなかった。今後は静養室を第一優先とし居室を選んでいただく。
②家族が落ち着いて使用するトイレがなかった。今後はデイサービスのトイレを使用していただく。1階の職員トイレは和式であることを説明する。
③トイレのカーテンが不衛生である。トイレのカーテンは定期的に洗濯に出し、清掃後にアルコール噴霧を行う。
④ベッド周辺の環境整備がなっていない。○月中に他職種の協力も得てすべて終わらせる。
⑤居室のしつらえについて指摘を受ける。ご家族と本人の希望に沿って、写真などを飾らせていただく。
⑥介助に声かけが足りない、清拭回数や着替えが足りない。呼吸状態が悪い状態で、衣類を何度も交換することは負担になるとの思いがあった。○○さんの気持ちに沿った声かけが足りなかった。今後は介助一つひとつに対して、普段の介助から十分気をつけていく。
⑦酸素ボンベが大きく威圧感があった。酸素ボンベは看護師と相談し検討してみる。

⑧医療と介護の連携ができていない。ケアワーカーはできる限り細かな情報も看護師に報告を行っていく。言われたことは書面に残すと冷たく苦情のように感じますが、言いづらいことをあえて言ってくださったことに感謝し、前向きに考え次につなげていこうと思います。○○さんのご家族とは普段からざっくばらんに何でも話し合い、とても良い関係性を築けていました。そのことからも、この言われたことの一つひとつは本当に私たちのことを思って言ってくださったことだと思います。このことを忘れることなく、介護の仕事を続けていきたいと思います。何年、何十年この仕事をやっていても、利用者さんやそのご家族から学ぶことがたくさんあります。相手の気持ちに立っての介護を忘れず、思いのこもった介護が行える自分でいたいと思います。

全体のコーディネート役を務める介護支援専門員からは、次のような意見が示された。

今回ご家族に様々な気づきを教えていただきました。今までは終了後に話を聞くと、ほぼすべてのご家族が『満足している』との評価でしたが、胸に秘めた思いを聞き出すことができていなかったと思いました。今回も「こんなことを言うと、面倒くさい家族だと思われるのではないだろうか」「逆に迷惑をかけるのではないか」との不安な気持ちを話されていました。しかしその意見を真摯に受け止め、早急に取り組んだケアワーカーは本当に素晴らしいチームワークだったと思います。そして私自身、これからも日頃からかかわる利用者やそのご家族の小さな不安や不満、ご意見などをしっかり受け止め、あるいは汲み取り、みんなで考え、一つひとつ改善に向けて取り組めるように努力を重ねていきたいと思います。

居室移動時は○○、○○両方の意見を聞き居室を選択したが、「過ごしやすい空間か」「家族もゆっくり過ごせるか」という視点でも考えていかなければならないと反省しました。

トイレのカーテンのほか、ベッドの汚れを指摘されました。過ごす時間の多いベッドなので、こまめにきれいにすることが大切だと思います。また、ご家族の方も目に入る部分ですので、きれいに使うことが重要です。これはベッドだけではなく車椅子、衣類、靴などすべてに該当すると思います。まずはしっかり清掃し、今後はこまめに清潔を確保できるような体制を整えたいです。

看取り介護だけではなく、様々なことに対して勉強不足であることを痛感しました。職員間の意識をまとめ向上していくためには、自身の所でしている看取り介護だけではなく、他の施設で行っている方法やその流れ、医療と介護の連携についても学び考えることが大切だと感じました。

最後に、本ケースの総合評価を報告しておく。

（総合的な評価・課題）

・ご家族より、【担当ユニット評価・課題で記載　①～⑧】の件について課題をいただいた。看取り介護中に解決できることに関しては、すぐに対応を行っている。また、その場で解決できなかったことに関しても、看取り終了後のユニット会議で話し合いを行っている。話し合ったことを、今後の看取り介護に活かしていってほしい。

・課題の中で挙がっていた酸素ボンベの大きさについては、看護師から事務に確認を行っていただいている。結果として、現段階では大きなボンベを小さなボンベにすることは難しいとの結論となった。理由として、ボンベを小さくするのに伴い付帯設備など（ボンベを移動する台車など）も交換が必要になるためとの回答をいただいている。今後の課題として、予算計上時にあらためて検討していただきたい。このことから、酸素ボンベの使用については看取り開始時点で看護師から家族に必要に応じて酸素を使用することを説明しているが、大きなボンベを使用するということも合わせて事前に説明していくとの結論となった。

・多床室を利用している利用者が看取り介護になった時点での居室変更先は、今後、静養室を一番目に検討する。静養室以外の個室を希望する場合は、個室を利用する上で留意点を家族に事前に説明することとする。

僕のカンファレンスでのコメントは次のとおり。

今回はご家族からの素直で貴重なご意見をいただいて、検討課題が明らかになりました。それに対して担当ユニットは迅速に改善の対応をしています。このことは今後の看取り介護でも注意したいところで、全ユニットが重点的に改善すべき内容として、メンバーに伝えて実行しましょう。

今回の看取りは期間が3日でしたが、介護の性格を考えると、このような短期間の対応は珍しいことではないので、その中でできることをするという意識が必要だと思います。

このような看取り介護の評価を通して、施設トップを含めたスタッフ全員が意識を向上させ、スキルアップし、まだ見えていない頂を目指してサービスの品質向上に努める必要がある。それはまさに「天のない介護サービス」である。

3-3

デスカンファレンスから生まれた思いと新しいケアの方法論

デスカンファレンスの必要性

特養の看取り介護加算の算定要件として、「看取り後のケアカンファレンス」の実施が求められたのは、2015年4月以降である。その際の介護報酬改定で福祉系サービスの看取り介護加算については、PDCAサイクルの構築と強化が求められ、この中の「Check（評価）」で、「看取り後のケアカンファレンス」の実施が要件に加えられた。

しかし僕が管理者をしていた特養では、そこから遡ること7年以上前の2008年から「看取り介護終了後カンファレンス」と称したデスカンファレンスが実施されており、評価実績を積み重ねてきた。このカンファレンスが行われるようになった経緯を思い出すと、僕自身がその必要性を強く感じたことが最大の動機となっている。結果責任が求められる「人生の最終ステージ」でのケアが、本当に適切に実施されたのかを検証・確認するシステムがないと、看取り介護と称しただけの、惰性に流されマンネリズムが蔓延したケアがはびこっていくのではないかと恐れにも似た気持ちを僕が抱いたことがきっかけで、2008年3月に「看取り介護指針」を改訂して、看取り介護終了後カンファレンス実施を義務づけたものだ（**実務資料1**）。

そこではスタッフの視点からの評価だけではなく、利用者の遺族からの評価が不可欠であると考え、遺族の参加もしくは会議に参加できない場合は、アンケートに回答してもらい評価していただいている（**実務資料3**）。

スタッフからの抵抗と実施後の変化

デスカンファレンスを行うことはトップダウンで決定したが、それは当初からスタッフに不満なく受け入れられたわけではない。むしろスタッフは「カンファレンスをする必要が本当にあるのか」という抵抗を感じながら、実施する意味を感じられずに義務的にカンファレンスを行っていたという事実がある。また「どんなことでも評価していい」と伝えたが、スタッフは会議の中で下手な意見を言うと叱られるだけではないかという不利益しか感じられないような雰囲気の中で、かなり構えてカンファレンスに臨んでいたということも後に述べている。

実際にカンファレンスを行い、その中で家族の評価と自分たち自身の評価をすり合わせることで、スタッフの意識に変化が生まれた。そのことについて当時の主任ケアワーカーは、「カンファレンスを実施してみて、本当の意味で最期を迎えた援助に対する振り返りが、こんなにも大切なものだとはこの時点では思っていなかった」と地域の老人福祉施設職員研究大会の実践報告の中で発言している。彼女がその大会で研究発表した講演スライドには、次のような内容が書かれていた。

・今までは対象者が亡くなるまで教えてくれていたと感じていたことが、カンファレンスを通して亡くなった後でも教えてくださることの多さ、その大切さをあらためて痛感した。
・打ち出された課題を一つひとつ改善していくためには、どんなことをしたらよいかと具体的に考えることができるようになってきた。
・対象者の最後のカンファレンスは反省・後悔するためだけのものではなく、特養で生活している方たちに、これから活かす、つなげるためのものであると思うようになってきた。

気づきの実際

そのほかにもスタッフは、デスカンファレンスによって様々な気づきを得て、人として介護のプロとして成長していった。僕はその姿を目の当たりにして、そのカンファレンスの絶大なる効果を肌で感じていた。実際にケアサービスがどのように変わってきたかを、当時のスタッフ記録の中から拾い上げて紹介してみたい。

・おむつ交換や体位変換については、苦痛や不快な思いの少ない支援の大切さを実感し、皮膚状態や栄養状態、褥瘡リスクレベルに合わせて援助の都度に全身の皮膚状態を観察・確認する意識づけがされた。そして紙おむつだけではなく、布おむつの使用を検討し、パッドの種類を臨機応変に変えるなどの個別対応が適時行われるようになった。陰部洗浄後に水滴が残らないよう拭き取り、ベビーオイルを塗布する方法もとられている。

・体位変換は基本的に1時間ごとに実施し、同時に軽く全身のマッサージを実施し、皮膚トラブルは絶対に起こさないという意識が強まった。

・看取り介護期には口腔内の汚れがひどく舌苔、口臭が目立つようになり、口腔内が乾燥し口角が切れることもあるなどした。そういう状態をできるだけ防ぐ方法として、口腔ケアについては、毎食後に脱脂綿で口の中を拭く、歯磨きを行うという方法にとどまらず、ポカリスエットを湿らせて口の中を拭き、その後きれいなガーゼなどで拭き取るという方法をとり、ただ『きれいに拭く』のではない、唾液の分泌促進、味を楽しみつつ不快感なくきれいにできるようにという意識づけが生まれた。その結果、柑橘系のジュースを取り入れて口腔内を拭く、蜂蜜、オリーブオイルを塗布し保湿を取り入れるなどし、その後は必ずきれいに拭き取ることを徹底するようになった。

その他、口腔保清ジェルを使用したり、口腔ケアを行う頻度も併せて増加し、口腔内の乾燥が気になる方には1時間の間隔を開けずに実施するなどの対応がとられている。このように口腔ケアとは、その方が生き抜くために、呼吸をするために必要な部位であるという認識を持ち、1回1回丁寧かつこまめに行うことが定着してきた。

・食事については、絶飲食対応から看取り介護に移行という流れが増加したことから、食べることのできる喜びの大切さをあらためて実感しながら、看取り介護を実施する前の取り組みが、いかに大切かということを痛感していった。そして栄養を摂ることだけが大切ではなく、〝食〟を楽しむことがどれだけ生きる原動力につながるかを実感する過程で、提供されている食事を何とか摂取していただけるように、ゆっくり時間をかけ、無理のない援助を行う意識が高まった。そして食事以外で、その方の好きだったものの提供（好きだったおかず、ジュース、ゼリーやプリン、あんこものなどのおやつ類）を心がけ、食事時間にこだわらず、体調に合わせて摂取時間・頻度を調整するようになった。

・入浴については、お風呂が大好きだったという方が多いことから、全身血行促進、皮膚状態の確認と保清、そして気分リフレッシュという意味で重要な時間であると考え、基本的に毎日の体清拭援助を実施する以外に、体調が安定している時はできる限り週2回以上のペースで入浴支援をすることを心がけている。そして状況に応じて、入浴日以外の対応も実施している。その中で、酸素使用者も看護師付き添い対応をとり、一度でも入浴できる体制がとれないか持ちかける機会が増えた。そして手浴、足浴以外に洗髪のみの援助も随時実施するようになった。このように湯船にもう一度入りたいという希望には、できるだけ応えるような方法を探すようになった。

・居室のしつらえについては、以前は殺風景で、病室のような環境の部屋もあった。そのため初めは看取り介護開始時点で居室のしつらえを見直して写真を飾っていたが、看取り介護になってから取り組むことに抵抗感が生まれた。看取り介護になって慌ててしつらえを整えても、『その人はどんなふうに思うだろう？　なぜ今頃？　と思うのではないか』という疑問から、普段から『その人が過ごし慣れた空間なのだろうか』と考えるようになり、昔の写真を大きくして貼ったり、花を飾ったり、家にあったものを持ち込んでいただくことが行われるようになった。

しかし、せっかくしつらえを整えても清潔感が保たれなかったケースや、清掃がおろそかとなるなどのケースも見られた。環境から生まれる会話の多さ、重さを気づいていなかった状況にも気がつき、それは環境を変えても『仕事をする空間』という感覚が抜けず、その方にとっての住居となっていなかったということに気づいた。その反省から看取り介護以前からの取り組みが大切であることを自覚し、『その人らしい』生活空間づくりに一層取り組む意識が生まれた。

・家族との関係についても、以前は面会に来た時に挨拶を交わす程度だったかかわりであったが、「お世話になっていて、これ以上のことはお願いできない」「言われたとおりにするしかない」と感じる家族が多いことに気がつき、スタッフ側から家族の思いを汲み取る機会を持つことが少なかったという反省が生まれた。

そのため、家族の思いに触れ、その人とのエピソードを聞く機会が自然と増え、時には共に涙を流し、家族とも寄り添う時間を持てるようになってきた。その中でより一層スタッフ、家族が共に『その人』に寄り添えることがいかに大切かを実感する結果が生まれ、スタッフ全体に利用者と家族が大切な時間を過ごすための橋渡し役になりたいとの思いが強くなった。具体的には、スタッフが進んで声をかけるようになり、家族のリアルな声を聞く機会が増えた。そして様々なエピソードを集めて、そのことを普段の援助に活かすことができないかを具体的に考え、実行することが増えた。そのようにして看取り介護対象者の好きだった物事が、残された時間でいかに実行でき、満足できるかを共に考える時間を持てるようになってきた。そして介護対象者・家族・スタッフが『後悔しない最期を迎える』部分を共有し、共に支え合う意識につながっていった。

こんなふうにして施設のケアの方法も、雰囲気も良い方向に変化し続けている。そして僕は今も考え続けている……。看取り介護対象者が、死に臨む瞬間に求めるものは何なのだろう？　それは聴診器や注射針の冷たさを感じ取ることではないはずだ。本当に求めているものは、関係深い人々の温かな手のぬくもりではないだろうか。そういう方向から、臨終に向かい合うスタッフの役割を考えることがあってもよいのではないだろうか。それは僕たちの仕事が、最期の瞬間に「傍らに寄り添うことが許される」ほどに、人から信頼を得ることができる、尊い誇りを持つことができる仕事であるという意味でもある。その誇りを失わないために、我々は自らを振り返って、常に向上心を持ち続けなければならないのではないだろうか……と。

3-4 家族やスタッフの精神的負担を生まないエピソードづくり

支援対象者は家族も含まれる

人は多くの場合、親しい人の死に突然出会う。不慮の事故ではなく、長患いの結果の死であったとしても、その瞬間がいつになるのかをあらかじめ予想しないまま死に遭遇することが多い。明日は分からないけれど、今日は大丈夫だろうと思っている人と、急にお別れしなければならないこともある。

しかし「看取り介護」の場合、余命期間の予測宣告がされることが多く、その期間内にいつ旅立ってもおかしくはないというコンセンサスが取られているという意味において、看取り介護対象者の死を、看取る人が突然であると感じることは少ない。そうであるがゆえに、愛する誰かの予測された死を待つ間に、看取る人は覚悟を持って臨まなければならないことにもなる。それは愛する人の看取り介護期間中に、看取る側の家族が精神的負担に押しつぶされる可能性を持つという意味でもある。そうであるがゆえに看取り介護にかかわり、そこで様々な支援行為を行う関係者は、支援対象者は看取られる人のみならず、その周囲のすべての人が対象だと考える必要がある。

管理者はスタッフへの精神的支援を

特養における看取り介護の場合、トップに立つ施設長は、看取り介護を実施しているスタッフも精神的支援の対象者になり得ると考え、細心の注意と配慮を持たねばならない。看取り介護のフローチャートがあり、看取り介護マニュアルがあったとしても、それに沿った対応をしていればよいと考えるだけでは不十分である。そこには様々な人が介しているという意識を常に持ち、人々の心の揺れや、心の痛みがないのかという高所からの観察が不可欠だ。そこにかかわる家族やスタッフの表情を常に観察する必要があるのだ。

僕が特養の管理者をしていた間に、スタッフが精神的負担で抜き差しならない状態に陥ったケースはなかった。それは各々のスタッフが先輩からの適切な指導を受け、看取り介護の意味を十分理解し、看取り介護対象者と遺族やスタッフとの間に生まれる様々なエピソードを見守りながら感動を得るという経験をしていったからであろう。現場リーダーの適切なアドバイスが、若手スタッフの心の支えになっていたことも大きい。そうしたスタッフに恵まれていたことは何にも代えがたいことであった。

終末期を宣言された時だからこそ選択を示し丁寧に説明

僕が管理者をしていた特養では、看護職員からの情報をもとに、医師が「看取り介護」と判断したケースについては、本人もしくは家族にその説明（実際には家族がほとんど。以下、ムンテラと略す）を行う際に、介護支援専門員から家族に連絡し、ムンテラの日程調整を行うことになっていた。ムンテラの日程が決まると、介護支援専門員は、その日に間に合うように事前に看取り介護計画を作成した上で、ムンテラに同席することになる。ムンテラ当日は、医師より病状説明と、看取り介護の状態であるという説明を行うわけであるが、その際に介護支援専門員は、事前に作成しておいた看取り介護計画書原案の内容について、ムンテラの場で本人もしくは家族に説明し、施設内で看取り介護を受けることを選択した場合、どのように施設生活が続けられるのかを説明する役割を担っていた。

このようにムンテラは、単に利用者が終末期であることを説明するだけではなく、その後の対応方法（施設で看取り介護を受けるのか、医療機関で治療的対応を望むのかなど）を選択希望する場でもあるので、施設での継続対応を希望する場合に、どのようなサービスが受けられるのかを明確にしなければ、適切な選択に結びつかない。よって事前に看取り介護計画書原案を作成して、それをもとに介護支援専門員がその内容を説明することも、ムンテラの必須事項と考えるべきであるというのが僕の考え方である。それは終末期を宣言された人もしくはその家族が、その後何をどう選べばよいのかを丁寧に説明・支援する行為であり、そのことは多くの利用者の家族から支持されていた考え方でもある。

そもそも人生の中で、自らの命の終末期宣言を受ける機会は一度きりだろうし、身内の命の期限を告げられる機会もそうそうあるわけではない。説明する側はそのことに慣れていても、説明を受ける側で終末期であることの判定に触れることに慣れている人はいないのだから、そのことに配慮して、できるだけ親切丁寧に、相手の気持ちをおもんばかって対応したいものだ。人間の心は壊れやすく、かよわいものなのだから、そういう配慮がないと、予想外の問題が次々に生じかねないのである。

そうしたムンテラを経て、看取り介護計画書原案に同意をいただくことになる。そしていざ看取り介護を実施する段階に移行する際には、全スタッフに対して、いつから、誰が看取り介護の対象になったのかということを、文書で周知するようにしている。直接ケアにかかわるスタッフのみならず、全スタッフがそのことを知って、それぞれがその場で、できる限りのことをしなければならないと考えているので、この連絡に齟齬があってはならない。その連絡の際に、「心を込めてケアを行いましょう」という一文が添えられることがある。

この言葉が形式的になっては困る。心を込めるとは、看取り介護の対象となった方が、最期の瞬間まで安心と安楽の時間を過ごせるように、少しの表情変化も見逃さず、今その瞬間に何を望んでいるかを想像し、その気持ちを代弁することであって、その内容は、いつか看取った誰かとは、決して同じではないという考え方が必要だ。本当の意味で、その人が望んでいること、その人らしさという意味を追及して、徹底的にそれを具体化することが必要だ。その際に形式的な対応に陥るなど、「心を込める」という言葉が念仏化して、意味のないものになってしまわないようにすることも施設のトップの重要な責務である。

だから介護施設のトップは、看取り介護においても現場に足を運んで、高所からその実践を見つめ、心が込められた行為がそこで行われているのかを確認しなければならない。施設のトップが、そこで実践されていることを知らないのでは、ケアの品質は評価できないのである。

看取り介護を受けている人に対しては、余命診断が行われることになるが、その結果は本人に知らせているとは限らず、多くの場合家族に告げられているのが特養の看取り介護の実情である。

看取り介護対象者の生きる時間の期限が迫るということは、その期限を知っている家族にとって、愛する人とのお別れの時が迫っているという意味だけではなく、最後の思い出づくりのために残された時間が刻一刻と削られていくという意味でもある。そうであるがゆえに、日常の何げない出来事でもよいから、愛する人が旅立った後で、その時のことを愛おしく思えるエピソードづくりのお手伝いをすることが、看取り介護を実践する施設のスタッフの役割だ。

「そんなこともあったよね。そこにいることができてよかったわ」という思い出を、一つでも多くつくることが大事だ。そんなエピソードの一つひとつが、残された人の心の中に刻まれていくことが「命のバトンリレー」となるからだ。

看取り介護には、そんな意味もある。そんな支援行為に参加できる「介護」の仕事は、素敵で誇り高い仕事である。

第4章

看取り介護のQ&A

看取り介護の場では、想定外の様々なことが起こる。まさに事件は現場で起こるのだ。我々は想定外の状況に冷静に対応し、想定できる状況を積み重ねていく。それは看取り介護対象者との心を合わせた協働作業でもある。

4-1

救急車を呼ぶ看取り介護はあり得るのか

救急車を呼んで医療機関で死亡確認？

ある研修会講師として訪れた研修会場で、僕の講演前にグループワークが行われており、その発表が行われていた。それを聞いて驚いたことがある。ある特養が看取り介護を実施できないネックとなる状況として、「施設で利用者の心臓が停止し亡くなったと考えられる場合でも、救急車を呼んで医療機関に搬送して死亡確認しなければならない」という発言があった。しかも、複数の施設から同じ意見が出されていた。

救命ではなく死亡確認のために、心停止している人を救急車に乗せて医療機関へ搬送するなどということは何かの冗談にしか聞こえない。そんなことが実際に行われているとしたら大問題である。そもそも救急車は、死体を搬送するものではないが、医師による死亡確認がされていない段階で、救急救命士などが死亡診断するわけにもいかないために、心停止した人を「生きているもの」として搬送が行われているということだろう。本来それはあり得ないし、そんなことが行われているとすれば、本当に救急救命搬送が必要な人にとって大迷惑である。救急車が足りなくなって当たり前だと思った。

こうした施設の施設所属医師はいったい何をしているのだろう？　普段施設利用者の健康管理にかかわり、傷病治療を行っている施設所属医師なら、施設で死亡確認して死亡診断書を書くだけでよいのである。そのために医師が施設に行くのは当然の義務である。仮に施設所属医師が診療したことがないショートステイ利用者が死亡した場合であっても、わざわざかかりつけ医師のいる医療機関に死体搬送する必要はなく、施設所属医師が死体を検案して、異常がない場合は「死体検案書」を発行できることになっている。

どちらにしても死亡確認のために、施設で心停止した人を救急車で医療機関に搬送するという不可思議な状態は起こり得ない。これを何とか改善しないと、看取り介護なんて実践できるわけがない……。というより施設所属医師の責任が果たされていない。

看取り対象者が急変した場合は救急車を呼ぶのか？

これとは別問題であるが、救急救命に関連して「看取り介護対象者の容態が急変した場合に、救急車を呼ばなくて倫理上の問題はないのか」と質問を受けることがある。しかしこういう疑問が示されるのは、「看取り介護とは何か」という根本が理解されていないからだと思われる。

看取り介護で最も大事なことは、最期の瞬間まで「安心・安楽」に過ごすということである。しかしそれは「死」に向かう過程であり、対象者は確実に死の瞬間を迎えるのである。その際にバイタルが急に低下するなどの急変はあって当然である。あらかじめ想定されるそのような変化は、救急対応して改善を図る種類のものではない。不必要な延命治療を行わないことが、看取り介護の前提であることを理解すべきである。そもそも看取り介護は、「医師が一般的に認められている医学的知見から回復の見込みなしと診断した者」とされているのだ。回復の見込みがないのだから、救急救命が必要な状態になることは通常想定されない。よって看取り介護対象者の急変時に、救急救命搬送することなどあり得ないのである。そのことを理解し、スタッフ間で意思統一を図ることが重要である。

このことに関連して考えなければならないことは、看取り介護に移行する判断基準の問題である。終末期という判定がきちんとされているのだろうか。もしかしたら看取り介護対象者を緊急搬送する施設では、終末期でない人もその対象としているのではないかという疑問が生じざるを得ない。終末期判定さえきちんとできていれば、看取り介護対象者への救急救命などという発想には至るわけがないのである。

4-2

看取り介護への様々な疑問に答えて
～Q&A方式での回答

僕は全国各地で看取り介護の講演を行っているが、講演後の質疑応答で比較的よく出される質問と、その回答をQ＆A方式でまとめた。

Q1 意思確認が困難な方の終末期の対応方法、家族や親戚によって意見が違う場合の援助などについて。

（介護職員からの質問）

A 家族の疑問には丁寧に答えることは必要ですが、事業者側からこうしてほしいという誘導などは一切行わず、最終的にどうするかを決定するのは、家族間の問題であるとして、家族の中で答えを出すようにお願いしてください。その際に、利用者本人の代弁者として、過去に意思確認できていたら、その意思を正確に伝えてください。そうでない場合は、家族も利用者の過去の暮らしを思い浮かべ、逝かれる方の代弁をするという姿勢が大事であることを伝え、その方向から最終決定していただくようにお願いしてください。

Q2 「死を看取る」こと、「死」に対するスタッフの不安をどうしたら軽くできるか。

A スタッフがどのような不安を抱えているのかを具体的に明らかにして、それに対して一つひとつ答えを出しましょう。看取り介護は特別な介護ではなく、日常の介護の延長線上にあるものなので、正しい知識を持って、実施状況を振り返りながら看取り介護を実践する中で、それらの不安はなくなるでしょう。

Q3 本人の意思が分からない場合、「〜してあげたい」とは思うがどのようにかかわったらよいか。

A 介護支援にかかわる我々にとって、最も大事な役割は利用者の代弁者になるということです。そのことを代弁機能と言いますが、看取り介護対象者が若い頃、あるいはお元気な頃、どのような人となりの方であったのかを家族に確認しながら、どのような意思や好みを持っていたのかということに思いを寄せ、その方が元気で意思疎通に問題がないとしたら、どのような希望を持つのだろうということを、その方の立場に立って想像し、その意思を代弁するように努めることが求められることではないのでしょうか。

Q4 家族に対する、看取り介護の説明の仕方について。

A 家族にとってかけがえのない人の余命が短いこと、命の期限が近づいていることを告げることになるわけですから、そのショックと哀しみにも配慮しましょう。そして、最期の瞬間まで安心して安楽に逝くことができるような支援方法を明らかにした上で、その対応を真摯に行うことを丁寧に説明してください。しかしこの時に間違ってはならないことは、終末期であり回復が期待できないということはオブラートに包まず、しっかり理解できるように説明しなければなりません。そうしないと回復が期待できるという誤解を与えることになるかもしれず、家族にとって二重の失望につながりかねません。

Q5 本人が苦痛に感じ、望んでいないと分かる介護を、どのように提供していけばよいか。

A 看取り介護期は、痛みや苦しみにつながる行為を一切しないという考えが必要です。例えばがん末期で痛みがある場合は、その痛みをコントロールできない施設では、その方を看取ってはなりません。きちんとそこで提供できるサービス機能を把握した上で、利用者の状態像を医師に確認し、何が必要で、何が必要ではないかを精査して、サービス提供してください。排泄ケア、口腔ケア、体位変換などが必要なくなるケースは存在しないと思われます。

Q6 本人が望む終末期へのケアの対応について。

A これは人それぞれでしょうから、意思確認できる人は元気なうちに確認しておきましょう。意思が確認できない人については、家族と共に、その人の過去の生活歴や生活習慣を思い起こして、どうしてほしいと思うのかを、その人の立場に立って想像し、代弁することに努めましょう。

Q7 24時間体制での多職種連携について。

A 24時間体制のためのオンコール体制を整え、連絡マニュアルを整備しましょう。多職種連携は、誰かの力を借りる前に、自分の担当領域を自分自身の力でしっかりカバーするという前提によって成り立ちます。全員が目標と目的を区分して理解し、他のメンバーの役割や思いを理解しながら、安らかな旅立ちのために何ができるかを考えましょう。

Q8 看取り介護マニュアルの整備について。

A 看取り介護マニュアルは必要ありません。看取り介護指針に、看取り期に求められる視点を明示すれば、介護自体は特別なことはありませんから、通常使っている介護マニュアルで十分です。看取り介護指針は、家族が読んで分かる内容（説明が義務づけられているので、一般の方が説明を聞いて分からない内容では意味がない）であることと、スタッフがその内容を理解するためには、繰り返し読んで確認する必要もありますから、読める量にも配慮が必要で、小冊子みたいなページ数になって、読む気にならない指針では意味がありません。

Q9 看取り介護の体制をつくり、軌道に乗せるためにどうすればよいか。

A できることから始め、その実践結果をスタッフ間で検証するカンファレンスを重ねることで、システムがつくられていくことでしょう。フローチャート（35ページ）を参考にしてください。

Q10 今後、自宅での看取り介護を希望されるご家族も増えてくると思うが、通所介護では何ができるか。

A 例えばがん末期の場合は、余命がおおむね半年以内であるということになりますが、逆に言えばおおむね半年の間にできることがあるという意味です。まだいろいろな活動ができる期間がありますので、その間に通所介護に通って思い出づくりをしたり、入浴のお手伝いをしたりということは可能ですし、通所介護に通えなくなった後は、そこで培った人間関係を途絶えさせずに、家にお邪魔して精神的支援のお手伝いをするということがあってもよいでしょう。特に在宅でケアするご家族の悲嘆感の状態を確認したり、それに対する支援を行うことに手を貸したりすることは可能なのではないでしょうか。

Q11 入所当時から寝たきりで、本人から思いを聞けずに看取り介護の時期を迎えた時、本人の思いを汲んだケアは本当にできているのかと不安になる。

A 我々の専門性の一つは代弁機能です。相手の立場に立って、その方の過去の生活習慣などの情報をもとに、利用者の意思や希望は何かを想像し、その意思を代弁するアドボカシー（代弁機能）を発揮するように努めるのが専門職としての使命であると心してください。どうぞ想像し、代弁する人になってください。

Q12 慢性的な病気により長い時間をかけて看取る方と、急性期の病気により残された時間が少ない方とでは、ケアの方法も変わるのか。

A 変わりありません。その方が最期の瞬間まで、安心して安楽に過ごすためにはどうしたらよいかを徹底的に考えて、寄り添うだけです。看取り介護は死の支援ではなく、最期の瞬間まで、その人らしく生きるための支援なのだということを理解してかかわることが大事です。

Q13 看取り介護から学ぶことについて詳しく知りたい。

A 看取り介護は、命のバトンリレーを支援することであり、命は思いに変化して、残された遺族につながっていきます。キーワードは、「つながっている」です。命はつながっているし、看取り介護は、日常介護とつながっているし、過去の我々との人間関係とつながっているのです。

Q14 看取り介護時の居室環境について。

A その人が望む環境づくりは大事ですが、そうであれば、看取り介護になる前から、その環境は求められているのではないでしょうか。看取り介護になってから慌てて整備する環境とは、介護者側の自己満足にすぎないのかもしれません。

Q15 病院と介護施設での看取り介護の違いについて。

A ホスピス以外の医療機関は、何らかの治療を行わねばならない場合がほとんどですから、介護施設の方が、より在宅に近い形で最期の時間を過ごすことができます。しかも看護職員や介護職員、相談員などの専門職もそこにいますので、精神的・身体的支援の専門家が近くで直接支援しながら、ご家族と一緒に看取ることができる場だと思います。

例えば終末期の医療を考えた時に、体が衰弱し口から食物を摂れなくなってきた高齢者に過剰な高カロリー点滴を施して延命を図るのは、百害あって一利なしであり、点滴するにしてもほんのわずかな水分だけにして、あとは文字どおり「枯れるように最期を迎えさせる」というのが本人にとっての苦痛が最も少ないという考え方が浸透してきています。しかし医療機関は、治療することによって収入を得る仕組みになっているため、入院して最期を看取るにしても、必要性のない点滴などで、かえって看取り介護対象者の苦痛を増すという可能性がないとも言えません。その点、診療報酬と無縁の介護施設での看取り介護は、過剰な医療対応をしなくて済むという利点もあります。

Q16 介護と看護、それぞれの役割について。

A 看取り介護となる以前からの役割と何ら違うことはありません。看護職員は、介護職員が行うことができない医行為を行うことになりますが、それは安心・安楽のための看護であり、介護職員も安心・安楽のための介護を行います。両者とも看取り介護対象者の方の身体面・精神面の小さな変化に「気づく」ことができるように、最大限の注意と配慮を行いながら、対象者の代弁者となるように努めます。

Q17 口から摂取できなくなった場合、介護側でできる対応について。

A 通常の食事ができなくなっても、状態を確認しながら口から物を摂取することはあきらめないでください。当然、対象者の方の好みや状態に適した食べ物を常に用意しておくことは必要です。できれば専用の冷蔵庫が利用者一人ひとりに用意されていることが望まれます。そして口から物を摂取できなくなっても、口腔ケアは必要だということを理解してください。

（生活相談員からの質問）

Q18 通所介護の相談員として、看取り介護の方を受け入れる際の留意点とは。

A 看取り介護対象者の状態像を確認して、通所介護で何が求められて、何をしなければならないのかを確認するために、医師から指示をもらってください。疑問点は放置せず、サービス担当者会議を通じて必ず疑問の答えを出しておきましょう。その上で、できないことを無理して行っても苦痛につながるだけですから、そうしないようにできる範囲での受け入れを考えましょう。安心と安楽が担保できない状態の受け入れは、絶対に行ってはなりません。

Q19 家族とのかかわり方、支援方法について。

A 「説明と同意」で終わらせるのではなく、「相談と協働」が必要となります。両者の関係に上下関係が生じないように注意しましょう。

Q20 スタッフとの連携のとり方について。

A 看取り介護とは、人生の最終ステージにおいて「生きる」という姿をいかに支えるか、という意味があります。その人らしい尊厳ある生き方の延長線上に「看取り介護」という時期があるという共通認識を持って、人の命の尊さを理解し、敬い、謙虚にかかわることを意識しましょう。相談員は、その連携の要として、その共通理解を常に促す役割があります。

Q21 介護側の主観や家族からの意見など、何をもって良い看取り介護であったと評価するのか。

A 看取り介護対象者が、最期の瞬間まで安心して安楽に過ごす援助ができたのか、命のバトンはしっかり残された者につなげられたのかなど、評価はいろいろな角度が考えられます。まず遺族の意見も取り入れる看取り介護終了後のカンファレンスを積み重ね、客観的評価に努めましょう。

Q22 通所介護利用時に、周りの目に対してスタッフはどのような対応をするべきか。

A 特別な対応は必要なく、普通に真摯に対応してください。他の利用者の方にも、看取り介護であることを明らかにして、協力してもらえることは協力してもらいましょう。スタッフが真摯に適切に、看取り介護対象者に接していれば、他の利用者から不満や文句は出ないはずです。看取り介護対象であることを明らかにできない状態であれば、その事業所はそういう対象者を受け入れることは難しいと言えるのではないでしょうか。

Q23 死後処置は看護師が行うが、その際に家族や介護スタッフなどは、どのようにかかわればよいか。

A 死後処置は最後の看護と呼ばれ、一般的には看護職員の責務と考えられています。他職種の者は間接的援助としてかかわりを持つ場合がありますが、看護職員の指示に基づいて待機することでよいのではないでしょうか。相談員はそこにかかわるより、遺族の精神的支援や、その後の様々な対応のアドバイスを行う必要があると思います。

Q24 食事を中止するタイミングについて。

A 医師の判断がまずあり、管理栄養士の意見も聞きながら、個別に決定すべき問題です。

Q25 家族、看護師、医師への連絡のタイミングについて。

A 連絡する内容によって、それは異なります。ただ言えることは、様々な連絡は都度適時にということです。その判断が適切にできるのが、ソーシャルワーカーとしての相談員の専門性だと思います。

（看護職員からの質問）

Q26 ご家族へ話すタイミングや内容、気持ちが揺れ動いている場合の対応について。

A 病状について、医師より丁寧にありのままを伝えると共に、施設ででき得る支援方法を具体的に伝えます。どうするかは家族が決める問題で、そこに指示・誘導などがあってはなりません。どんなことに揺れているのかを具体的に確認し、それに対する助言を行う必要はあるでしょう。

Q27 今年度から看取り介護を行う予定であるが、医師との連携の仕方、介護職の不安の解消法などについて。

A 看取り介護は特別な介護ではなく、日常のケアの延長線上にあり、支援方法も特別なものではないということの理解が求められます。看取り介護であると診断できるのは医師だけですので、どういう状態を看取り介護であるとするのかを医師にも理解してもらいましょう（43ページ・終末期判定と余命診断についてを参照）。医師連携は、施設と医療機関の協力体制で大きく異なってきます。緊急通報マニュアルなどを定めておくとよいでしょう。

Q28 エンゼルケアまでの間、家族には本人のそばにいてほしいのだが、どのように声をかければよいか。

A 身内の死に直面した家族には、いろいろな混乱や事情がありますから、「こうしなければならない」という決めつけはできる限りなくした方が良いのではないでしょうか。エンゼルケアの場に、家族がいてほしいとか、いなければならないという思い込みをまずなくしましょう。

Q29 スタッフへの教育について。

A 特別な教育をするのではなく、普段からの教育の中で、看取り介護をテーマに、その理念などを考えていくことが大事ではないでしょうか。実は一番の看取り介護教育の場は、「看取り介護終了後カンファレンス」です。そして教育すべきは、「看取り介護」ではなく、「介護」なのです。日常の介護の延長線上に、看取り介護という時期があるということを忘れないでください。

Q30 家族へのグリーフケアについて。

A 命のバトンリレーができる看取り介護支援を行うことが、一番のグリーフケアかもしれません。適切に看取ることで、遺族が悲嘆にくれるという可能性は低くなります。看取り方に悔いを残すと、悲嘆は高まります。死後セレモニー的に何かをすることがグリーフケアではありません。

Q31 家族から看取り介護の同意書が提出されてから数年経っているが、このままでよいのか。

A そもそも何年も経っている看取り介護同意書が存在することの方がおかしいです。看取り介護の同意書とは、実際に対象者が回復不能な終末期であると医師が判断した後に同意をいただくもので、事前にとられている文書は法的には無効です。また、実際に看取り介護となってから数年経っているとすれば、それは看取り介護を開始するという判断が間違っていると思います。医師と今一度相談して、その判断を取り消す必要があります。普通、看取り介護とは、医師が一般的知見に基づいて「回復不能な終末期」と判断するので、余命半年以内の時期と判断することが一般的です。余命診断がきちんとされているのか確認しましょう。

Q32 ビリーブメントケアについて。

A グリーフケアと同じ意味と思われるので、Q30の回答を参照してください。

Q33 夜間、家族が間に合わなかった場合の対応について。

A 諸事情で息を引きとる瞬間に、家族が間に合わない場合もあります。その場合でも、逝く人を寂しくさせないというコンセプトを持つことが大事ですので、できるだけスタッフがその場にいて看取ることを目標にすべきではないでしょうか。大事なことは、その場面に間に合わなかった家族に、息を引きとる瞬間の状態を詳しく伝えることです。それによって遺族の方は悲嘆感を持たずに済むし、悔いを残しません。

Q34 各事業所や家族の連携について。

（介護支援専門員からの質問）

A 一人の方のかけがえのない命が尽きる瞬間まで、その方の命が輝くことができる援助を行うという気持ちで、一つになりましょう。

Q35 看取り介護を始めるにあたり、看取りのケアプラン、モニタリング、担当者会議の期間、看取り介護の研修の頻度などは、個々の施設のやり方でよいか。

A フローチャート（35ページ）を参照してください。基準省令や加算算定要件で決められていること以外は、施設のシステム上の問題です。看取り介護の場合、終末期であるという医師の診断で実施されるため、それはおおむね半年程度の余命診断という意味で、前述のケアプランなどを何度も立てることにはならず、通常一度きりです。看取り介護研修は、年単位で最低一度は行う必要があります。

Q36 看取りを決めた後に、そのことが正しかったかどうか揺れる家族への対応について。

A 相談援助スタッフが常に注意して、定期的に気持ちの変化を確認しましょう。いったん決めたことは変えられないわけではありませんし、リビングウイルの宣言内容も気持ちが変わるたびに変えてよいものです。ＰＤＣＡサイクルでも、この確認は重視されています。

Q37 どの時点で医療機関へ連絡するか。

（施設長・管理者からの質問）

A 看取り介護を行っている方は、救急救命の対象ではないので、通常の予想される死の場合は、息を引きとってからの連絡になります。

Q38 入居者様が介護施設で亡くなることの尊厳の意味は何か。

A 亡くなる場所と、人の尊厳はリンクしません。その場所で、どのような死の瞬間を迎え、それまでにどのような支援がなされていたのかが、人の尊厳を護ったのか、奪ったのかという結論にかかわってきます。

Q39 小規模多機能型事業所として看取りに取り組むためには、どういう体制がよいか。

A 最期の瞬間まで、安心と安楽の支援体制が構築できるかが問われます。

（その他）

Q40 相談援助職（地域包括支援センターの社会福祉士）として、特に気をつけなければならないことは何か。

A 看取り介護対象者の代弁者となり、安心と安楽の介護に努めることではないでしょうか。最期まで旅立つ方の心の支えになることができるように、最大限の配慮と心配り、観察に努めましょう。地域で暮らす方々のリビングウイルの支援という視点も持つ必要があるのではないでしょうか（１７８ページ・死を語ることは愛を語ることを参照）。

コラム2 トシさんの戦争体験～人生の最晩年期に寄り添う使命と責任

太平洋戦争は、１９４１年12月8日の真珠湾攻撃で始まり、玉音放送のあった１９４５年8月15日が終戦の日とされている。この3年9カ月に満たない期間、その時代を生き抜いた人々は、我々が想像もできない壮絶な体験を経てきたのだろう。そんな人たちが数多く介護サービスを利用しているのが、今の時代の特性でもある。

特養に入所している方々の生年月日を見ると、大正二桁～昭和一桁生まれの方が大半を占めている。その人たちは、10代～20代の多感な青春期に戦争を体験した方々である。認知症ではない人にとって、その時の体験は強く記憶の中に残っていることだろう。しかしその人たちの日常を見ていると、戦争体験が話題になって会話が弾んでいる姿はほとんど見られない。その話題が語られることもほとんどない。それだけ簡単に口の端にのぼらせることができないほどの、つらい日々であったのではないだろうか。

我々が様々な場所で看取り介護の対象とする人々とは、そうした戦争体験者が多くなっているのだ。そうであれば、この国でこの時代に高齢者介護に携わっている者の責任として、このことを明確に意識して高齢者の方々の暮らしに寄り添うべきではないかと思う。日常会話の中で気軽に話題とすることを躊躇せざるを得ない過酷な体験を経てきた人たちが、その時代を生き抜いて長生きしてよかったと思えるのか、それともこんな思いをするのなら、あの時に死んでしまえばよかったと思ってしまうのかという境目は、もしかすると我々がそれらの人々の最晩年期にどのように寄り添い、その人の最期の瞬間をどうお看取りするのかにかかっているのかもしれない。そう考えることも必要ではないのだろうか。

あの戦争を生き抜いた人々の人生とはどのようなものだったのだろうか。戦争の生き証人とも言える世代の人たちも既に80代~90代になってきており、高齢化し、やがてはこの国からいなくなってしまうのは必然で、それはやむを得ないことでもある。実際に戦争を体験した人の口から、その時代に何があったのかを伝える機会は確実になくなりつつあるのだ。そうであるがゆえに今、戦争体験者の方々から生々しい体験談を聞いて、何らかの形で次代の人々にその体験の記憶を伝えておかねばならないのではないかと思う。もちろん国としての戦史はきちんと記録保存されている。しかしそういう公式記録ではなく、この国のそれぞれの地域で、一庶民として生き抜いた人々の様々な体験談をもっと残しておかなければならない。戦争を題材にした記録小説なども数多く出版されてはいるが、そういうものにも載っていない、名もない庶民の戦争体験を伝えて遺しておかなければならないのではないかと思う。

僕がかつて上梓した『人を語らずして介護を語るなTHE FINAL 誰かの赤い花になるために』(ヒューマン・ヘルスケア・システム社)が出版された2013年直後、出勤すると僕のデスクの上に1通の封筒が置かれていた。それは郵送で届いたものではなく、僕が勤務していた施設の協力病院のスタッフが直接持ってきたもので、差出人は当該医療機関の患者さんとのことであった。封を切ると、中から7枚の便箋に書かれた手紙が入っていた。手紙の冒頭で送り主の方はトシさん(仮名)という84歳の女性であると自己紹介されていた。

トシさんは入院されている病院内で出版されたばかりの僕の本を偶然読み、とても感動したので、その感想と感謝の気持ちを手紙に書いてくれたのである。そこには、『自分は病人ではあるが、その病院の中で他の入院患者さんにとっての「赤い花」になれると思って勇気をもらえた』という嬉しい言葉も綴られていた。そして僕に対するエールの言葉が書かれているのだが、そこに関連して、その方が体験した戦時中の思い出が綴られていた。思い出といってもつらい思い出である。トシさんの11歳~15歳までの生々しい戦争体験談はとても印象に残る内容で、このことも後世に伝えたいと思った。

今回お許しを得て、その内容を紹介させていただく。引用文は、臨場感を失わないように原文のまま、文字使いなども修正せずに転載させていただく。個人名や個人の特定につながりかねない部分については伏せ字とさせてもらった。

私わ昭５年〇月〇〇日生まれです。〇〇さんと同じですね。
横浜生まれで14才の時にＢ29にやられ　おとうさんわボークゴを出来上がった所に戦地に　〇月〇〇日戦死ということでした
兄さん姉さんもいたのですが　どこへ行ったか今だにれんらくなしです
　母と２人で食べる物もなくて　母のおよめ入りの着物を持ってお米１合ととりかえる帰りに日本のケンペイにつかまり取られ毎日でした
　最後にわ　地より出てくるミミズを食べました、太いミミズ、うどんだと思って食べるのよと母が　２人で食べました
１生わすれません　色々と仕事もなく　夜になれば町かどに（パンパン）のお姉さん達がまっている　お姉ちゃん何しているのと聞けば　生活のためと云っていました。
　どんなにうらんだ事か　毎日泣いて暮らしました　20才になっ

トシさんの手紙

様より先生の本を見せていただきました
泣きながら見た所がありました　先生の本の中
にきれいな赤い花を咲かせようの所に
91才の婦人の方車にのって一生の所に居ます
さんと名前です病院の中でカラオケをした
時でした　きよしのズンドコを泣きながら歌った
終った時にどうして泣いたかと聞いた所

た頃に男に声をかけられました、青森の方でした　自えいたいの方でした、母さんのゆるしをえて一生になり青森に居たのですが　気ぼうてんきんで千歳に来ました　主人の名前は○○です。私も千歳に来て近所の方々にあいさつに行った所、玉ネギ　ジャガイモ　ニンジン色々とくれました　なんて北海道の方々わあたたかい人たちかな〜と思いました　主人もつかれたのか○年前の○月○日になくなりました　やさしい方でした　長年ほんとうにありがとうと手を合わせています　（以下略）

繰り返しを恐れずに書くが、我々の職業とは、このようなつらい体験を経てあの戦争を生き抜いた方々の最晩年期にかかわる職業である。その時、つらい時代を生き抜いたトシさんのような人々が、「そういうつらい体験はあったけど、あの時命を失わずに長生きできてよかった。こんな素晴らしい復興した日本に住めてよかった。こんな素晴らしい日本という国に生まれてよかった」と思えるのか、それとも長生きしたことで、身体が不自由になり、そのことにより若い介護スタッフから施しを受ける存在となり、自分の意思は全く顧みられることなく、介護する人間の意思だけで生かされて、長生きしたことを後悔してしまうことになるのかという違いは、高齢者介護に携わる我々関係者の考え方や姿勢に左右されることになるのかもしれない。その重たさを使命感に変えてかかわっていかなければならないと思う。あのつらい時代を生き抜いて、この国を豊かにしてくれた人々が、最期の瞬間まで幸福に暮らすことができる支援の方法を考え続けていきたいと思う。

ミミズをうどんと思って食べないと生きていけなかったトシさんたちの苦労を思えば、せめて今、この平和で食べるものにあふれた時代に生かされている僕たちは、そのことに心から感謝して、トシさんたちのような人々が、口からものを食べられる間に、美味しいものをたくさん食べてほしいと思う。そうであれば、高齢者の方々が自分でものを食べることができなくなった時、食事介助をする際には、ただ単に栄養補給のための食事摂取支援を行うのではなく、美味しく食べ続けることができるように、できる限りのお手伝いをしたいと思う。それが普通の考え方だと思う。しかし、スプーンの上にすくったものを見た時に、自分の口に入れるのをためらうような形状のものを平気で他人の口にためらいもなく入れて、何の疑問もなくそれを食事介助だと思っている人がいる。それは不遜なことだ。許されないことだ。

我々は今、戦争とは無縁な国で、平和に暮らすことができており、そのことが当然だと思っている。しかしこの国は、トシさんのように最愛の肉親を失った経験がある人が頑張って再生させてくれたのだ。食べるものも食べられず、口に入るものを何でも口にして、やっとの思いで生きてきた人々の血と汗と涙によって今、平和で豊かなのだ。そのことを忘れてはならないし、そのことが忘れ去られた時に、この国は平和も、現在の豊かさも、何もかもを失ってしまうかもしれない。だからこそ、あの戦争で失われたたくさんの人々の命や、地を這いつくばって頑張ってきたたくさんの人々の思いを胸に、我々が人として考え続けなければならないこと、人として守り続けなければならないことは何かという問いかけを続けていく必要がある。この国を守り豊かな国にしてくれたすべての高齢者の方々に、もっと謙虚な気持ちで相対しなければならないのではないだろうか。

天寿を全うして旅立っていかれる人々が、生まれ変われるとしたら、またこの国に生まれたいと思える日本にするために、介護現場から発信できることがあることを信じて、生まれてよかったと思える人生をサポートする介護を創っていくことが与えられた使命である。その誇りを胸に、日々の職務に従事する仲間と共に歩んでいきたい。看取り介護とは、そんな思いの延長線上に存在し、それらの人々の「生きる」を支える行為でもある。

第5章

看取り介護からの学び

死の瞬間、人は何を考え何を感じるのだろう。死の直前に起こる生体変化の知識をいくら持つことができたとしても、その思いは想像するしかない。だからこそ最期の瞬間まで「生きる」を支えることが、我々にできる唯一のことだと思う。

5-1

ＰＤＣＡサイクルとして求められる地域啓発活動としての終活セミナー

ＰＤＣＡサイクルのAction（改善）

２０１５年度の介護報酬改定の際、特養とグループホーム、小規模多機能型居宅介護の「看取り介護加算」については、ＰＤＣＡサイクルの構築による看取り介護の実施が新たな算定要件として加えられた。２０１８年度の介護報酬改定では、この要件の変更はされなかったので、このサイクルに沿った体制強化が引き続き求められていると考えてよい。

ＰＤＣＡサイクルとは、計画（Plan）、実行（Do）、評価（Check）、改善（Action）の頭文字をとって表したサイクルで、**資料5**のような内容が求められている。この中で２０１５年４月以降に求められた新たな要件は、次のとおりである。

＊丸数字①～⑧は解説のために筆者がつけたもの。

(Plan 計画)

①緊急搬送のために連絡体制の整備

資料5 ●施設における介護の体制構築・強化に向けたPDCAサイクル

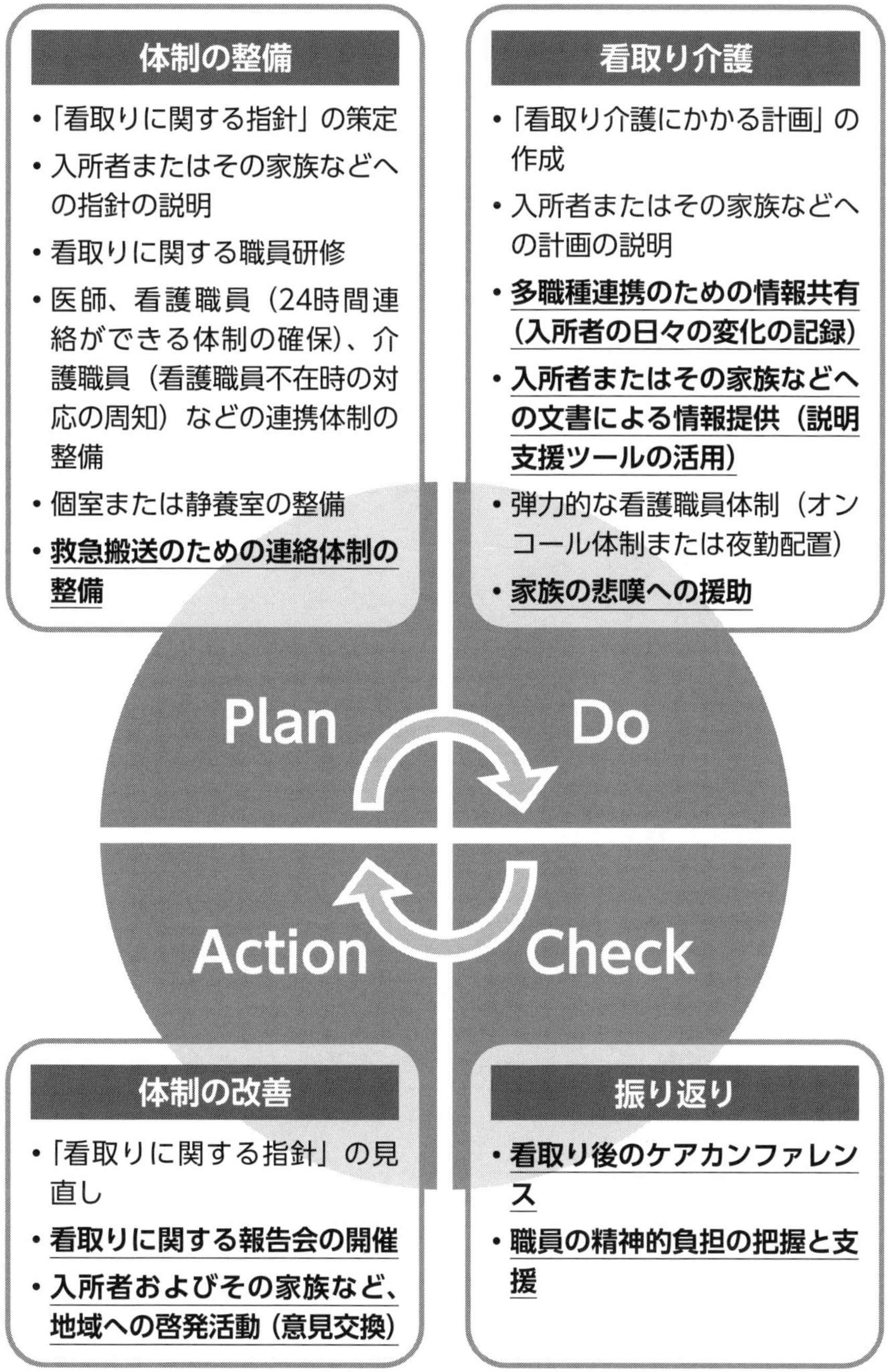

Plan

体制の整備

- 「看取りに関する指針」の策定
- 入所者またはその家族などへの指針の説明
- 看取りに関する職員研修
- 医師、看護職員（24時間連絡ができる体制の確保）、介護職員（看護職員不在時の対応の周知）などの連携体制の整備
- 個室または静養室の整備
- **救急搬送のための連絡体制の整備**

Do

看取り介護

- 「看取り介護にかかる計画」の作成
- 入所者またはその家族などへの計画の説明
- **多職種連携のための情報共有（入所者の日々の変化の記録）**
- **入所者またはその家族などへの文書による情報提供（説明支援ツールの活用）**
- 弾力的な看護職員体制（オンコール体制または夜勤配置）
- **家族の悲嘆への援助**

Check

振り返り

- **看取り後のケアカンファレンス**
- **職員の精神的負担の把握と支援**

Action

体制の改善

- 「看取りに関する指針」の見直し
- **看取りに関する報告会の開催**
- **入所者およびその家族など、地域への啓発活動（意見交換）**

※2015年度より新たに求められた事項には、アンダーラインを付記

（Do 実行）

②多職種連携のための情報共有（入所者の日々の変化の記録）

③入所者またはその家族などへの文書による情報提供（説明支援ツールの活用）

④家族の悲嘆への援助

（Check 評価）

⑤看取り後のケアカンファレンス

⑥職員の精神的負担の把握と支援

（Action 改善）

⑦看取りに関する報告会の開催

⑧入所者およびその家族など、地域への啓発活動（意見交換）

このうち⑥までの体制は、看取り介護加算を算定する要件として必ず整備されていなければならないが、改善（Action）部分で求められている、「⑦看取りに関する報告会の開催」と「⑧入所者およびその家族など、地域への啓発活動（意見交換）」については、2018年度の介護報酬改定以後であっても「～行うことが望ましい」という規定となっており、努力義務にとどまっている。

そのためこの活動は、とりあえず棚上げして、近い将来の実施を考えるという施設が多いのが実情である。それはそれで構わないと思う。なぜなら最も大事なことは、地域住民を啓発することではなく、看取り介護対象者が最期の瞬間まで、安心・安楽に過ごすことができる支援を行うことなのだから、まずは看取り介護の内部の体制づくりが優先されるべきであって、必ずしも啓発活動を同時進行的に行うということではないからだ。まずはしっかり基盤となる「看取り介護」の理念と方法論を構築することが優先されるべきである。

看取り介護の報告会よりも終活セミナーを開催する

しかし同時に関係者は、この努力目標にあぐらをかくことなく、地域住民に向けた啓発活動を行うことができるように看取り介護の品質を高めていくべきである。特に社会福祉法人であれば、今後ますます地域貢献が求められていくのであるから、人生の最終ステージを安楽に安心して過ごすことができる方法論を具体的に地域住民に示すことで、地域社会に貢献すべきである。そういう意味でも、この部分の啓発活動をずっと努力目標で終わらせることがないようにしなければならない。むしろ看取り介護の事例を重ねる中でノウハウを手に入れた施設は、そのことを積極的に地域に情報提供し、地域の中でどのように安心・安楽の人生の最終ステージを迎えることができるのか、それまでに自分が何をしたらよいのかを考える機会をつくるべきである。

ただその際に、単純に「看取り介護報告会」を家族や地域住民に向けて行うとしても、それに対して興味を示し、報告会に参加してくれる地域住民はそう多くないだろう。いざ開催しても、誰も来ないということになる可能性もある。啓発活動は草の根的に小さな単位から始めることも重要なわけで、必ずしも大勢の人向けに行われなければならないということはない。しかしそれは、忙しい通常業務の合間を縫って行う活動であるし、そう頻繁には開催できるものでもないのだから、せっかく開催にこぎつけた場合は、できるだけ多くの方に興味を持っていただいて、その場に足を運んでいただきたいと考えるのが人情である。

そのためにはどうしたらよいだろうか。地域住民の方々が、「看取り介護」について、施設と施設利用者の問題で、自分たちに関係のない問題だと思うとしたら誰も会場に足を運んでくれない。そうであれば看取り介護報告会が、自分自身にも関係深い問題と考えてもらうことが大事で、自らの近い将来の問題を考える上で、ぜひそういう機会に参加したいと思ってもらうことが大事である。

そう考えると、地域への啓発活動は単に「施設での看取り介護の報告会」として行うのではなく、そうした報告も含めた**「終活セミナー」**として実施することによって、地域住民の方の興味を引くことができると思われる。

終活とは、その言葉に明確な定義があるわけではないが、それは人間が自らの人生の最終章を迎えるにあたって行うべきことを総括した意味と考えられており、自分がまだ元気で意思を伝えられる時期に、自分自身のための葬儀や墓などの準備や、財産処分の方法などを決めておくことや、終末期に意思を伝えられなくなった時に備え、リビングウイルの観点から、どのような医療を受けたいのか、口から物を食べられなくなった時にどうするのかなどの、具体的な希望を第三者に伝えておくことなどを指している。

それらを総合的に考えるセミナーが「終活セミナー」である。こうした終活セミナーを一法人単独で行うのではなく、地域のいくつかの社会福祉法人が協力し合って合同で行うことができたならば、地域全体の介護の品質向上にもつながっていくのではないだろうか。

例えば、葬儀社が宣伝の一環として、無料でタイアップして終活セミナーを企画してくれる場合もある。そこでは勉強会や報告会を行うのみならず、そうした報告会を行う会場を中心に、いくつかのブースを設置し、それぞれ「遺影撮影体験コーナー」や「棺桶入棺体験コーナー」、「葬儀相談コーナー」「遺言作成相談コーナー」など終活にまつわる様々なイベントが行われる。参加者はそうしたブースを自由に回り、自分が興味あるテーマについてそれぞれのブース担当者に質問しながら情報を得て、さらに看取り介護などの報告会などでより専門的な情報を獲得できる場所になっている。

そうしたセミナーは結構人気があり、1会場に100人を超える地域住民が来場することも珍しくない。来場者は高齢者が多く、高齢者夫婦が「終活ノート」や「エンディングノート」などの書き方を質問している姿が見られたりする。また、愛着のある身の回りの品物を少しずつ整理する必要を感じている人の相談などにも応じるコーナーも人気である。

終活セミナーを定期的に開催している地域では、開催のたびに参加希望者が増えていく傾向にある。それだけ終活セミナーは人気なのである。それはまさに今、地域の方々が求めている場であると言えるのではないだろうか。介護施設が地域資源の重要なパーツであることを地域住民に知ってもらうためにも、介護施設がこうしたセミナーを主催することは意義があると思うし、そのことが結果的に、看取り介護加算の算定要件でもある、ＰＤＣＡサイクルの構築につながるとしたら、一石二鳥であると言ってよいのではないだろうか。

5-2 あきらめない介護を考えるきっかけになった出来事

幸子さん（仮名）はパーキンソン病を患い、手の震顫（しんせん）に悩みながらも、一部介助を受けながら、自分でできることを頑張って続ける芯の強さを持った方だ。身体状況には日内変動があり、その状況も月日の流れと共に緩やかに衰え続けていたが、決して絶望することなく、周囲に笑いを振りまく明るい性格の方でもあった。

そんな幸子さんの最大の楽しみは、「入浴」である。手の震えのため、洗身は介助が必要だったが、身体を支えてもらいながら浴室内を移動し、浴槽に浸かるのが幸子さんにとっては至福の時である。幸いその特養には、源泉かけ流しの天然温泉浴室があり、希望すれば毎日入浴できるほか、曜日指定はあるが夜間入浴もできる施設だったため、幸子さんにとっては満足度の高い暮らしを送ることができる場所であった。

そんな幸子さんに肝臓がんが見つかった。その時は手術で病巣切除したが、1年後に再発した時には、他の臓器にも転移しており、「がん末期」という診断を受けた。年齢がまだ60代と比較的若かったことも、がんの進行が速かった一因であったかもしれない。しかし家族の強い希望で、幸子さんには余命診断の結果も告げられず、がんの告知もされなかった。そして家族の希望と判断により、それまで暮らしていた特養で看取り介護を行うことになった。そのことも幸子さん自身には知らされることはなかった。しかし徐々に身体が弱り、ベッドから離れられない状態となる中で、幸子さん自身も察するものがあったようで、自分がもう長くはないという覚悟を持たれていたように見えた。

そんなある日、幸子さんから「お風呂に入りたい」という希望が示された。幸子さんはその時、身体状況の悪化と体力の低下で、入浴ができない状態と判断されていたため、我々は幸子さんに対して毎日体清拭を行って保清援助に努めていた。そのため幸子さんがお風呂に入れなくなってすでに10日が過ぎていたが、身体の清潔は保たれている状態であった。そのような中の希望であり、本当に入浴が可能かどうかを話し合った。特に浴槽に入ることは体力を奪うことにつながらないかと考える人も多く、様々な意見が出された。

しかし、幸子さんの希望を叶えたいという気持ちは、スタッフ全員に共通していたので、施設配置医師に相談を持ちかけた。その結果、バイタルが安定しているのなら、湯船に浸かる時間があまり長くならないように注意して入浴することはやぶさかではないという指示を得た。ただこの時の幸子さんは、ベッドに臥床状態が続いていたので、特浴で入浴支援を行うことが当然のように考えられており、この時に特浴対応で入浴支援を行った。

久しぶりに入浴できた幸子さんは、さぞかし喜んでくれたであろうと思い、スタッフの一人が入浴から数時間後に幸子さんに対して「お風呂気持ちよかったですか?」と尋ねてみた。その時に返ってきた答えは、「風呂? そんなものに入っていません」であった。幸子さんは認知症ではなく、記憶障害の症状も見られていない方である。がん症状の進行で、身体レベルが低下したとしても、数時間前の入浴を覚えていないわけがない。しかしその表情は険しく、希望が叶ってうれしいような表情は見て取れなかった。

その時僕たちは、幸子さんが望んだ「お風呂に入りたい」という状態は、機械浴で流れ作業のようにお湯に浸かることではなく、臥床状態になる前の幸子さんが、温泉浴槽の中で手足を伸ばして気持ちよさそうにお湯に浸かっている、あの姿を望んでいるのではないかということに気づかされた。「もしかして幸子さん、温泉に浸かりたいですか?」、その問いかけに幸子さんは当然のようにうなずかれた。

幸子さんの希望が単に入浴するという単純な行為ではなく、以前のようにくつろいで温泉に浸かりたいという希望であることに気がつけず、入浴できさえすればよいと思い込み、幸子さんがそれまで入ったこともない機械浴で対応することは、幸子さんにとっては何の意味もない行為であったのだ。

その2日後、体調をみながら2人がかりで温泉浴に入ってもらった時の幸子さんの表情は、それはもう晴れ晴れとしたものであった。その日から12日後に幸子さんは旅立たれたが、それまでの間にも数回の温泉入浴支援を受けて、その都度満足そうな表情をされていた。

このケースから僕たちは、看取り介護対象者であっても、日本人が長く続けてきた湯船に浸かるという生活習慣を護って支援することの重要性を再認識するのと同時に、支援対象者の生活習慣に応じた入浴方法という配慮が求められることも再認識した。そして看取り介護対象者だからといって、湯船にゆったりと浸かってお風呂に入る機会を簡単に奪ってはならないことを肝に銘じ、以後、看取り介護対象者がいつまで入浴支援を受けることができたのかを必ず記録し、その時期や方法について適切なものであったかを、デスカンファレンスで話し合うことを通例とした。

このことに関連して、特養の医師も務めている内科医の中村仁一氏は、ベストセラーになった著書『大往生したけりゃ医療とかかわるな～「自然死」のすすめ』（幻冬舎新書）の中で、特養において看取り介護対象者の入浴支援に取り組むスタッフの姿を、『生前湯かん』と書き、『やりすぎ』というニュアンスで論評されている。しかし幸子さんのように、残されたわずかな時間の中で、お風呂に入りくつろぐことを最大の楽しみにしていた人がいたという事実は、利用者が望むことで、それが少しでも実現可能であれば、そのことに向けて我々が最大限のエネルギーを注ぎ込むことに意味があることを示しているように思う。

僕が管理者をしていた特養のコンセプトの一つに、『あきらめない介護』という考え方がある。最後まで口から食物を摂取することをあきらめない。仮に食事が摂れなくなっても、調子の良い時に、好きな食べものをほんの少しでも味わうことをあきらめない。そのためにチーム全体でかかわり、準備も怠らない。

最期の瞬間まで耳は聞こえる（聴覚障害のある方の場合を除く）と信じて、声をかけることもあきらめない。

看取り期であるからと言って、人と接することをあきらめない。活動に参加することができないなんて考えず、参加することもあきらめない。

そして湯船に浸かるという文化と生活習慣を持つ日本人として、最期の瞬間まで湯船に浸かる入浴をすることもあきらめない。

あきらめない介護を目指すことは、看取り介護対象者の隅々までを観察し、いろいろなことに「気づく」感性が求められる。それができてこそ、真の意味で我々が看取り対象者の「代弁者」となり得て、最期の瞬間に傍らにいることが許されるのだと考えている。そういう「気づき」の積み重ねが、スタッフのスキルアップにつながっていくのではないだろうか。

当該施設では、デスカンファレンスに遺族の参加も促しているが、参加できない家族には事前アンケートに答えてもらっている。今回紹介したケースの遺族の方からは、アンケートに対して次のような回答をいただいた。


「家族が十分に介護できない分、職員の方に大変あたたかい援助をしていただき本当に感謝しています。母もここで過ごすことができて幸せだったと思います。アンケート用紙に書ききることはできませんが、もし私が年をとった時は、ぜひこの施設に入って生活して最期まで看てほしい。これがすべての評価だと思っていただきたいです。ありがとうございました」

ありがたい言葉である。

5-3 家族を看取る機会を奪い取ることの罪

数年前から介護施設で暮らしておられる正義さん（仮名）は、もともと知的障がいがあり、身の回りのお世話が必要で、在宅での暮らしが難しくなった方である。しかし、生活の一部の支援を行えば、バリアフリー環境では移動も概ね自力可能で、意思疎通も問題なく、施設の中では比較的自立度が高い生活を送っている。性格も穏やかで、行事などでたまにお酒を飲まれる時があるが、とても楽しいお酒で、素敵な笑顔を向けてくれる方である。

正義さんには奥様と2人の子どもがおられるが、家族全員が知的障がいというハンデキャップを抱えている。それでも奥様の康子さん（仮名）が元気な間は、家族で支え合って、様々なサービスを利用しながら一家4人で幸福に暮らしておられた。正義さん自身も市の管理する機関で、営繕の仕事をしながら収入を得ていた。しかし、正義さんがお年を召して退職された後、転倒骨折し医療機関に入院した頃から、康子さんも自分の身の回りのことで精いっぱいとなり、正義さんの骨折が完治した後の退院検討時に在宅介護は難しいとされ、正義さんは介護施設に入所された。

康子さんも要介護認定を受けていたので、居宅介護支援事業所の介護支援専門員の支援を受けながら、しばらくは在宅で暮らしておられた。その間に康子さんは、定期的に正義さんの面会に訪れていた。そして正義さんも、康子さんと逢うことができることを楽しみにしておられた。しかしある日、康子さんが病気を発症し、病状が急激に悪化し入院生活を余儀なくされた。康子さんが入院された病院は、正義さんのいる介護施設から車で約50分かかる場所にあった。その後、康子さんの病状が悪化の一途をたどり、介護施設では、正義さんがお見舞いに行くために、施設の車を出して付き添い支援を行い、施設・病院間を何度か行き来する機会を設けていた。

ある日、康子さんが多臓器不全で危篤状態になり、今日明日の命であるという知らせが届いた。その知らせを受けてすぐ介護施設では、正義さんを病院まで連れて行った。病院に着いた正義さんは長い時間康子さんのベッドの傍らで見守っていたが、その日は何とか康子さんは小康状態を保ち、正義さんはいったん施設に帰ってきた。その翌日の夕方、いよいよ最期のお別れの時間が近いという連絡が入り、正義さんは病院に駆けつけた。この日、正義さんは病院で康子さんの最期の瞬間を看取った後、施設に戻られた。

最愛の人を亡くしたショックが大きいことは想像に難くないが、正義さんは気落ちした表情を見せることなく、翌日の通夜、翌々日の告別式にも参列し、喪主としての務めを果たされてきた。そして葬儀を終えて施設に戻られた正義さんは、その施設の管理者を務めていた僕の部屋に来て、丁寧にお礼を言われた。その時、最愛の人を失った寂しさを訴えておられたが、同時に最愛の人を看取り、葬儀を執り行った満足感を口にされていた。

このように施設を利用されている方が、その家族を別の場所で看取るという機会はあまり多くはない。しかしそれは、極めて重要なことであると思う。施設における看取り介護で、命がリレーされる瞬間を何度も目撃している僕にとっては、最期の瞬間を看取るという行為そのものに意味があると感じている。それは逝った人にも、遺された人にも、それぞれに意味があることだろうと思え、環境さえ整っていれば、家族を看取るために外出することは当然あってよいし、施設はそのことをきちんと支援すべきであるというのが僕の考え方である。それは暮らしの支援を行う施設サービスにおいて、スタンダードサービスであり、特別なサービスではないから、施設が車を出して送迎する場合も、送迎費用が利用者負担であるとも考えない。

むしろ恐れるのは、施設で暮らしているというそのことだけで、家族を看取る機会さえ奪われてしまうことである。場合によっては、自分の最愛の人の死さえ隠されてしまうことがあるが、そんなことは間違っていると思う。

例えば介護施設の利用者の家族から、「父が亡くなったのですが、母には内緒にしておいてください。ショックを受けるのも可哀想ですし」と言われたことがある関係者は多いのではないだろうか。そのような要望を受けた場合、介護施設としてどのように対応すべきなのだろうか。確かに利用者の中には、連れ合いの「死」の意味さえも理解ができない重度の認知症の方もいるだろうし、体調がすぐれず、精神的ショックが心配される状態の方もいるであろう。しかし僕はほぼすべてのケースについて、「お気持ちは分かりますが、もう一度よく考えてください。きちんと事実を伝える方が良いと思います」と伝える。

長年、夫婦として連れ添ったパートナーを亡くすショックは計り知れないが、それにも増して、一番自分の身近で大切な人が亡くなられたという重大な事実を知らされないショックの方が大きいと思うからだ。どのような状態の方でも、その事実を知る権利があり、誰にもそれを隠す権利はないと思っている。

愛する人の死という事実を知り、家族と共に悲しみを共有し、家族と一緒に故人を悼み、お見送りするということは遺された者にとって重要な行為である。認知症の方でも、精神的に落ち込むことが多い方でも、重度の身体障がいを抱える方でも、その行為を奪われることがあってはならないのである。世間一般的に考えてみても、連れ合いの「死」を知らせないということはあり得ない。なぜ入院されている方や施設入所者に限って、身内の死を隠すことを「当たり前である」とする風潮があるのか不思議でならない。

落ち込みの激しい豊子さん（仮名）は、夫の死にショックを受けた。しかし、不自由な体で喪主を務めあげたことに満足していた。亡くなられた旦那様も、きっと喜んでくれたであろう。

葬儀が終わって数カ月後に奥様が亡くなられた事実を知らされ、息子を激しく罵った雄二郎さん（仮名）。葬儀に参列することができる状態ではなかったけれど、その死の事実を知らされなかったことに憤ったのだろう。

「じゃあ、何かあったら施設が責任をとってくれますか？」という家族がいる場合、どうしたらよいだろうか。人間の感情の揺れや、起こる事態は予測がつかない。しかし、それでも僕は「その後の精神的なケアはできる限り行います。悲しまれることが悪い方向につながらないという保障はありませんが、お連れ合いの死を知ることは必要ではないでしょうか。それは妻としても、人としても、当然必要とする情報なのではないでしょうか」と言うだろう。

最愛の人を看取るということ、家族を看取るということは、世間では実に当たり前のことである。命の炎が燃え尽きる最期の看取りの場に、家族である誰かがそこにいるべきであるかどうかなど議論にさえならない。ましてや自分の肉親の死を伝えないなどという選択肢は存在しない。それなのに、高齢であるという理由だけで、施設に入所しているという理由だけで、認知症であったとしても、身体の障がいがあるとしても、そのことを理由にして、事実を知る権利さえ奪われてしまうということは由々しき問題である。

「ショックを受けて体調を悪化させたくない」と言うが、当たり前のことを当たり前に行って受けるショックと、当たり前のことを当たり前にしてもらえなかったことによるショックは、どちらが大きいのだろうか。その責任は誰がとるのだろうか。

喜怒哀楽すべての感情を抱いて生きていくのが人生だ。事実を隠してすべての悲しみを排除できるわけがない。最愛の人を失うことはショックだろうし、最大の悲しみであろう。しかし同時に、最愛の人が息を引きとるその場所で看取るということは、遺される人が逝く人にこの世でできる最後の行為である。それを奪う権利は肉親にもないはずである。

正義さんはその哀しみを乗り越えて、看取った康子さんの分も命の炎を燃やし続けてくれるだろう。悲しみやつらさを思い出したその時は、我々がそっと寄り添って、正義さんを支える存在になろうとすればよいだけの話ではないだろうか。

5-4

高品質な看取り介護は、定着率の向上と顧客に選ばれる効果に結びつく

利用者がショックを受けるというのは本当か?

現在、全国の特養の8割以上が看取り介護加算を算定できると届け出ている。ということは、看取り介護加算の算定要件が整えられている施設が、特養のスタンダードと言ってよいだろう(※ただし、それらの施設すべてが適切な看取り介護ができているかどうかは、別な問題だ)。

一方では、いまだに2割に近い特養が看取り介護加算の算定を行っていない。その理由はいったい何だろう。看取り介護加算を算定できない施設の関係者の声を聴くと、「看取り介護を行わない理由」として人手が少ないとか、その知識と技術がないという理由以外に、「他利用者がショックを受ける」「他利用者の精神的支援が困難」という理由を挙げる人が多い。

しかし、これは間違った考え方である。むしろ良い介護をして、安心して看取られている状態は、他利用者の安心感にもつながる。それはこの場所で最期まで暮らし続けることができ、最期まで任せることができるという安心感につながり、自分もこの施設で、最期の瞬間まで温かく心を込めたケアを受けることができるということを確認できることを意味している。それは、自分

がずっとこの施設で暮らしたいという思いにつながるのである。そういう介護施設であってこそ初めて、施設は地域包括ケアシステムの一翼を担う機関と言えるのではないだろうか。

看取り介護実践は定着率向上につながる

僕が管理者をしていた特養では、利用者が亡くなった際に、それを隠すことはしていなかった。利用者が亡くなられた場合、全館放送でそのことを伝え、正面玄関から出棺する際に、スタッフ・利用者がお見送りするようにしていた。そこで涙を流す利用者がいても、そのことは手厚く見送るという意味に通じ、そのことを引きずって精神的に落ち込むような人はいなかった。

また、利用者の方々が亡くなられた方の出棺を見送るためには、見送る場所まで駆けつけるための移乗・移動支援が必要となる。当然そのためにはある程度の時間がかかるわけであり、この間、ご遺体を運ぶために施設に訪れている葬儀社の方は、ご遺体のそばで待つことになる。その時にご遺族とスタッフが会話を交わす状況を見聞きすることで、そこでどのような看取り介護が行われ、ご遺族とスタッフの関係性がどのようなものであったのかという一端に触れるわけである。そのことから僕の施設は、「あそこは他の特養とは違って、レベルが何段階か高い」という評判を得ることにつながった。

それは地域の中で重要な口コミ情報ともなって、設備的には古い施設と言えるのに、あえて僕が管理者をしていた特養を選んで待機してくれる方々が多く、地域全体の特養待機者数が減る中で、僕が管理者として在任している間、地域のどの特養よりも待機者が多かった。つまり顧客確保面でも、高品質な看取り介護は効果があるという意味になる。看取り介護の過程もオープンにして、協力できる利用者には、看取り対象者の方にかかわっていただくことも多かった。その中で最期の瞬間まで心を込めたケアを実践していることを肌で感じることができることも、その施設が地域住民から選ばれる理由であっただろう。

施設関係者の中には、人材・人員不足の折、スタッフ募集になかなか応募がない状態で、看取り介護・ターミナルケアを行うことは、スタッフの精神的・身体的負担が増え、スタッフ不足に拍車がかかるのではないかと懸念する向きがある。しかしそれも杞憂である。僕が管理者をしていた特養での実践結果を根拠として言えることは、適切な看取り介護を行い、利用者が安らかに旅立つ時、そこで生まれる様々なエピソードがスタッフを成長させ、スタッフに感動を与える。そして家族に喜んでいただけることで、スタッフのモチベーションアップにつながり、離職するスタッフが減るという結果に結びつく。それはスタッフの定着率が高まることに他ならない。

夫の旅立ちの瞬間に立ち会うことができなかった妻のケースでは、息を止める瞬間に立ち会ったスタッフが、最期の瞬間の様子を、安らかな最期であったことを丁寧に説明した。そのことにより妻は安堵し、「この施設に任せてよかった」と言って涙された。それは大事な人を失った悲しみの涙であると同時に、最期の瞬間を安らかに見送ることができる場所を選択できたという満足の涙でもあった。このようにスタッフが最期の瞬間まで心を込めて看取り、その様子を家族に伝えることによって、残された遺族が悔いを残さず、悲嘆感にくれて前を向くことができないという状況を生まないことができる。それが介護に携わる我々の使命である。その使命を果たそうとする限り、我々のモチベーションは消えることはないし、その思いは残された遺族にも伝わり、きっと遺族の感謝の気持ちにつながっていくだろう。それはまさに働くスタッフの喜びにつながり、そのことがこの仕事への誇りとなり、仕事を続けたいというモチベーションとなるだろう。その様子を傍らで介護実習生が見ているとしたら、その学生はきっとその施設で働きたいと思うはずだ。

正直言って、看取り介護加算を算定しても、経営に影響を及ぼすような収益上のメリットはさほど見込まれない。看取り介護加算は利用者全員に算定できるわけでもなく、算定期間にも限りがあるからだ。むしろ看取り介護を実施するに際しては、スタッフの超過勤務や、夜間呼び出しなどに伴う人件費支出が増加するため、加算された費用は必要経費として支出した経費をいくらか補填するという意味にしかすぎなくなる。しかし看取り介護を実施することで、その施設が最期まで安心と安楽の暮らしを送ることができる終生施設であるということが、地域住民の皆様に認識され、選ばれる居所としての大きな要素となり得る。このメリットは大きい。さらに前述したように、スタッフの定着率を高めるのが最大のメリットなのである。

特養はいつも満床、いつも待機者確保に困らないという状況ではなくなりつつある。それは全国的な傾向へと拡大しつつあり、利用者確保と人材確保をセットで考えなければならない時代になりつつあるが、看取り介護・ターミナルケアを適切に実践できる施設には、この両方の課題をクリアできる可能性が生まれるのである。

そして看取り介護とは、決して特別なケアではなく、日常介護の延長線上にあるものであり、それは死の援助ではなく、人生の最終ステージを「生きる」ことをいかに支えるかが問われるものである。そうであれば施設サービスとして、実践をためらうことは何もない。

5-5 死を語ることは愛を語ること

死について語ることの必要性

人の命は永遠ではない。永遠ではない儚いものだからこそ命は尊い。その尊い命が燃え尽きるまでのことを、「死に方」を含めて考えることは、自らの「生き方」を考えることに他ならない。よって終末期をどのように生きるかを考えることは重要であり、その判断は、本来その人自身しかできないものだ。しかし、自分の死について現実問題として考える前に終末期を迎えてしまい、自分自身が意思表示できない状態で、第三者が死を目前にした人の終末期の生き方の判断をせざるを得ないケースも多い。しかしそれは、望まれる状態とは言えないのではないだろうか。

終末期をどのように生きるのかに関連して、リビングウイルという考え方がある。それは意思決定能力のあるうちに、自分の終末期医療の内容について希望を述べることであり、延命だけの治療は拒否するが、苦痛を和らげる緩和治療は最大限に行ってほしいなどの意思を示し、記録しておくことである。リビングウイルは「生前意思」とも訳され、人生の最終ステージを自分の意思に基づいて、自分らしく過ごそうとする考え方である。

例えば、口からものを食べられなくなった時に、経管栄養で延命するのか、そうせずに自然死を選ぶのか、あるいは治療不可能な病状に陥った時に、単に死ぬ時期を先に延ばすだけの治療を求めるのか、求めないのかなどを、自分自身が決められるうちに意思表示しておくことによって、自らの判断に基づいた終末期の過ごし方ができるとすれば、それは本人の望みが叶うことのみならず、周囲の人々も安心して愛する誰かの最期の時に寄り添えるという意味になるだろう。そういう意味で、リビングウイルの宣言や、エンディングノート（リビングウイルを含めて、自分にもしものことがあった時のために、伝えておきたいことをまとめておくノートのこと）を記録し始める時期に、「早すぎる」ということはない。間に合わなくなる前に、自分が最も信頼できる、愛する誰かと、お互いの人生の最終ステージの過ごし方を確認し合っておくことが重要だと思う。

死は誰にでも訪れる。そして我が国では、65歳以上の人の7人に1人が認知症になるのである。そうであるがゆえに意思表示ができなくなる前や若いうち、元気なうちから身内同士で、どのように終末期を過ごしたいのかを確認し合っておくことが大事である。リビングウイルは、手続きでもかけ声でもなく、自分本来の意思を、周囲の人に理解してもらい、その意思が尊重されるために必要な宣言である。そのためにも自分自身の死や、愛する身内の死について語り合うことを、「縁起が悪い」などと忌避したり、タブー視したりせず、愛する誰かと日常的に、自分がどのような終末期を過ごしたいのかを語り合い、確認し合う必要があると考えている。

例えば親子の間で、それぞれの終末期の過ごし方を語り合う意味を、子を持つ親の立場と、親のもとに生まれた子の立場と、双方の観点から考えてほしい。

子を持つ親の立場で考えた時、それは自分の愛する子に、親の人生の最終ステージの生き方を決定するという重い決断の十字架を背負わせて、子に精神的な負担をかけるという状態にしないという意味がある。親の死に対して悲嘆感を持ち、グリーフケアが必要になるケースの大半は、親の死という事象そのものより、死に方がこれでよかったのかという疑問から生じている。親の意思を確認できない状態で終末期をどこでどのように過ごすかを子が選択したケースで、延命治療を行わずに死に至った時に、「本当に自分の決断が、これでよかったのか。間違った選択をしてしまったのではないか」と思い悩むことにより、悲嘆感につながることが多い。

親の立場、子の立場で考える

僕は長年、特養で看取り介護にかかわってきたが、そこではグリーフケアが必要となるケースはほとんどなかった。「大往生」という言葉があるように、長命の末の死は、周囲の人々もその事実を受け入れやすいし、そうした中での自然死であれば、一時的な哀しみの気持ちを持ったとしても、その死が安らかであることで、看取る人々の心の安寧（あんねい）につながるだろうし、その死によって悲嘆感にくれ、グリーフケアが必要になることはほとんどない。

過去にグリーフケアが必要になったケースとしては、認知症で意思確認できない利用者が、食事の経口摂取ができなくなった際に、娘が経管栄養を行わないと判断したケースがある。その方の最期は安らかであったし、娘さんも枕辺で手を握りながら看取ることができ、死の瞬間は涙を流しながらも、取り乱すことはなく、グリーフケアが必要な状態とは思えなかった。しかし四十九日を迎えた頃から、娘さんの精神状態が不安定となり、親を失った悲嘆にくれるような状態が出始めて、グリーフケアが必要とされ、我々がかかわりを持つ必要が生じた。後々明らかになったことであるが、四十九日が迫るにつれて、娘さんの気持ちの中で、「自分があの時に経管栄養をしないと決めなければ、母親はまだ生きていたのではないか。結果的に自分が親の死を早めてしまったのではないか」と考えるようになったことが、悲嘆感を持つに至る原因だった。

このように、命や死にかかわる判断は、人によっては心の傷になりかねないものである。その判断自体が心の重荷となって、精神を押しつぶす場合があるのだ。そうならないための唯一の方法は、あらかじめ親から子に、自分がどのような状態で終末期を過ごしたいのかという希望を伝えておくことだ。親の代わりに重い判断をするのではなく、親の意向に沿った意思表示ができるとすれば、子の心の負担は、ずいぶん軽いものとなるだろう。

親のもとに生まれた子の立場でこのことを考えた時には、別の意味も見いだせる。それは自分を生んでくれた親に対して、この世で最後にできることは、親の望む形で、親の人生の最終ステージを過ごせるように、子としてその判断を行い、看取ることである。その時に、親の希望を聞いておかないとしたら、もしかしたらそれは親の望む状態ではなくなるかもしれない。もちろん、親の立場で言えば、子が決めたことは常に最善で、それ以外の選択はないと言ってくれるだろう。そうであったとしても、本当はどういう終末期を過ごしたかったのかを確認することで、その希望に沿った人生最後の親孝行ができようというものである。このように子として親の意思・希望を確認しておくことは、この世でできる最後の親孝行という意味になるのではないだろうか。

そうした判断に結びつく語り合いが、普通にできる世の中になってほしい。同時にそこで語られた思いが実現されるためには、社会の様々な場所で、それぞれの思いに寄り添う看取り介護・ターミナルケアができる体制が求められているという意味で、我々介護関係者はそのための準備をしっかりしておく必要がある。

同時に、どこで最期の時間を過ごすのかという選択肢を考えることも大事だ。看取り介護は「死」の援助ではなく、「生きる」という姿をいかに支えるかという意味がある。その人らしい尊厳ある生き方の延長線上に「終末期」という時期があるのだから、最期まで自分らしく存在するために手を差し伸べてくれる人がいる場所で、人生の最期の時間を過ごしたいと思う。そうであれば、自分が最期の時間を過ごす場所を、医療機関とか、特養とか、サービス付き高齢者向け住宅とか、グループホームとか、自宅とかの種別で選ぶのではなく、そこに誰がいて、何ができるのかという個別性で選択することが大事になる。そのためにも、日頃からの情報収集が大事だ。逆に言えば、どのような看取り介護が行われているか、その情報が表に出てこないような密室で、看取り介護が行われている場所は怖いと思う。そこで何が行われているか分からないからだ。

どちらにしても、今健康で死とは程遠い場所にいると思える人であっても、いつまでも健康で暮らし続けることはできないのだから、自分の死に場所や死に方について、一度真剣に考えた上で、その時に何をどうしてほしいのかを、身の回りの親しい人に告げておくべきである。死を間近にした人は、自分の力でできなくなることの方が多い。その時には他人に何かを委ねなければならないが、終末期にどこで、何をしてほしいかという重い判断さえも第三者に委ねてはならないのである。

自分の子や親だからという関係に甘えて、愛する人の死に方まで決めなければならないという重たい判断を任せてはならない。それは愛する肉親に対しても、あまりに酷な十字架を背負わせることになりかねないからだ。自分の死、肉親の死を語ることは、決して縁起の悪いことではなく、タブー視するようなことでもない。死について語り合うことは、愛を語ることに他ならないからである。

5-6

自分の死に方、死に場所を考える意味

最期の時をどこで迎えるか

人はどこで死ぬべきなのか、どこで最期の時を迎えるべきなのか、その答えは単純ではない。その人にとって「最期の時間を過ごす場所」として最良の場所がどこなのかは、その人の置かれた様々な状況によって答えも違ってくるだろう。それは個人の死生観・価値観・病状・生活環境・家族関係によっても異なってくるだろうし、経済状況も影響してくるだろう。人によっては、それが自宅であるかもしれないし、介護施設であるのかもしれない。医療機関の場合であっても、一般病棟であるかもしれないし、ホスピス病棟（緩和ケア病棟も含む）であるのかもしれない。大事なのは最期に過ごす場所を選択できるか否かということであり、選ぶことができるという前提条件として、看取りの体制を持っている様々な機関・場所が存在しなければならないということである。それがなければ死者が増え続ける我が国において、「看取り難民」として社会の片隅で、「野垂れ死に」を強いられる人が大勢生まれてしまう。

我が国の現状としては、80％以上の国民が医療機関で亡くなっており、在宅死は12％程度でしかなく、介護施設での死はわずか3％に満たない。しかし、この数字は単に死を迎える場所の割合でしかなく、そこで本当に「死の瞬間を看取られている」という実態があるのかどうかは別問題である。実態としては、看取り介護やターミナルケアと称した、医療機関内孤独死、介護施設内孤独死が考えられている以上に多いのかもしれない。

それにしても、医療機関と在宅の死を迎える割合にこれだけ大きな差があり、介護施設で死の瞬間を迎えるケースが3％に満たない現状は、実質的に最期を過ごすことができる場所の選択が狭められていることを表している。国民全体の死者数が増え続ける一方で、医療機関の病床数は減少カーブに向かっているのだから、いずれこの比率は、好む好まざるにかかわらず変わらざるを得ない。つまり、医療機関で死ぬことができる人が減ってくるという意味である。その時に、在宅や介護施設で、きちんとした看取り介護ができる体制を社会全体でつくっていくことは国民ニーズであるし、特養であればそれは終生施設としての社会的使命である。

医療機関でもホスピスという概念が広まって、末期がんの場合、死期が近づけば最期の時を迎えるために、一般病棟からホスピスに移動するというケースが増えている。その中で介護施設での看取り介護の意味を考えた時、医療機関と決定的に違うところは、治療の場で結果的に死の瞬間を迎えることではないということである。日常の生活の場から離れて、残された時間を過ごすために別の場所に移るのではなく、「介護施設」という暮らしの場が、そのまま「看取りの場」となるという特徴があるのだ。ある意味それは在宅死に近い状態であると言えるが、同時に医師や看護職員、介護職員等が配置されているという意味では在宅との違いがある。このことを我々はポジティブな側面としてとらえ、生活の場と看取りの場が同一であるということは、以前からの生活の延長線上に看取りの時期があり、生活の連続性が途絶えない状況で、かつ介護の専門知識と技術を備えたスタッフがたくさんいる場所で看取ることができると考えるべきである。

残された時間の過ごし方

2012年2月に公開されたホスピス・緩和ケアに関する意識調査（日本ホスピス・緩和ケア

研究振興財団）によれば、「残された時間をどう過ごしたいか」という問いでは、死期が近い場合、若い世代では、これまでできなかったことをしたいと回答しているのに対し、高齢者はこれまでと変わらない生活スタイルを望むと回答する人が多かった。

そうすると、看取りの時期であるからといって、何か特別なエピソードをつくることより、日常の中でさりげないエピソードが生まれることが大事だと言えるのではないだろうか。そのためには、安心して普段の生活が続けられることを主眼に置くことが大事で、逆に言えば高齢者の場合は、死を迎えるために生活場所が変わってしまうこともストレスになる可能性が高いということになる。そうであるからこそ、看取り介護として専門的なケアを受けることができて、なおかつ生活場所が変わらない介護施設は、十分そのニーズに応えることができる下地があると言ってよい。そしてそのメリットは、長く生活支援にあたっていたスタッフが、そのまま看取り介護としての支援にも携われるという意味である。

そこでは、人生の最終ステージで、看取り介護対象者が意思表出をできなくなったとしても、「最期までその人らしく生きる」ために何をするべきかを、日頃の生活をよく知る施設スタッフが代弁できる可能性が高い。そうした代弁者となり得る日頃のかかわりが重要だし、その思いを想像して実現するスタッフのかかわりが求められているのである。単に介護施設だから看取りの場にふさわしいのではなく、そういう機能を生かす視点を持つスタッフにより、そのことは実効性のあるものになるのである。

死は終わりではなく、人生というステージを完結することであり、看取り介護とは、そのクライマックスを支援するという意味がある。人生のクライマックスであり、ファイナルステージである時期を支援するということは、死の援助ではなく、対象者が最期まで尊厳ある個人として、その人らしく生きることができる支援である。いかに安心して安楽に生きることができるかを大切に考えなければならない。

そういう意味で特養の看取り介護には限界も存在するだろう。例えば痛みのコントロールが必要な場合、すべての特養に痛みのコントロールができる医師が配置されているわけではないし、地域の医師の協力を得てペインコントロールができるという体制でもない場合、そうした対象者を看取ることは難しい。僕が管理者をしていた特養も、24時間痛みのコントロールができる体制ではなかったため、ペインコントロールが必要な人に、最期の瞬間まで安心と安楽な時間を過ごしていただくことは難しいと判断し、そうした方については退所していただき、痛みのコントロールが可能な医療機関などに入院して対応せざるを得ないのが現状であった。しかしできないことを無理して行って、結果的に安楽ではない悲惨な終末期をつくり出すことよりも、ましな方法であったと結論づけている。

このように、看取り介護対象者の様々な状況を精査し、その状態にきちんと対応できる適切な場所の選択を支援するという視点がなければ、苦しく悲惨な死をつくるだけの結果に終わるだろう。「できること」「できないこと」を精査した上で、何でもできると思い込まずに、対応できる対象者に対して最大限の配慮とサービスを行って、その状況に応じたいろいろな場所で、安心して最期の時を過ごすことができるという社会を構築していかねばならない。

特養は看護職員が夜勤を行っていない施設が大半であり、多くの場合、看護職員は「夜間オンコール対応」である。しかし夜、看護職員がいないから、安心した看取り介護ができないということでもないはずである。看取り介護の対象となる人の状態像とは、延命治療を必要とせず、看護職員が対応しなければ安楽な状態を保つことができないという対象者ではないからである。

在宅であっても、訪問診療や訪問看護で、医師や看護師がかかわっていたとしても、死の瞬間は、家族などのインフォーマルな支援により看取っているケースがほとんどである。医療従事者が大部分の支援を行わねば適切ではないという偏見をなくし、死の瞬間に医師や看護職員がそこにいなければ安楽と安心は得られないという偏見を超えて、新しい安心と安楽な看取り介護をつくり上げていくという姿勢が、すべての保健・医療・福祉・介護関係者に求められるのではないだろうか。

自分が将来、どこでどのように死にたいかを考えながら、2040年には死者数が2010年と比べて47万人以上増えると言われる社会情勢の中で、すべての国民が安心して終末期を過ごすことができるように知恵を絞っていかねばならない。そして、安心・安楽に最期の瞬間を迎えられるかということが、財産や収入の多寡で決定づけられるような、格差が生じないようにしなければならない。自己責任という言葉で、孤独死や野垂れ死にが放置されてはならないことだけは強く主張しておきたい。

5-7 寂しい看取り介護にさせない環境が望まれる

特養の設備基準の中で、必ず設置しなければならない設備として静養室がある。

静養室は「居室で静養することが一時的に困難な心身の状況にある入所者を静養させることを目的とする設備（厚生省令46号）」を言う。

しかし、この静養室が本当に必要かを考えた時、おそらく全室個室の新型特養などでは、その必要性は極めて薄いものだろうと思う。

「居室で静養することが一時的に困難な心身の状況にある」とは、健康状態の一時的な悪化で入院するほどではないが、通常より医療看護処置が必要になる場合、または終末期（看取り介護の時期）であることが考えられる。しかしスタッフの都合を優先し、医療看護処置をしやすくするためだけに、ナースステーションなどの近くに移動するということであってはならないという戒めも必要だ。少しぐらい所属医師や看護職員の動く距離が長くなったからといって、必要な対応ができないわけではないのだから、移動の判断は慎重に行わねばならない。具合が悪くなった途端に住み慣れた部屋から移動しなければならない不自由と、スタッフの不自由を秤にかけるわけにはいかないのである。

個室対応のために静養室を活用しなければならない理由としては、多床室の場合、体調悪化時や看取り介護の時期は、夜間などでも様々な対応が考えられるために、他の利用者の安眠を阻害する可能性が高くなることが考えられる。また、看取り介護に限って言えば、家族が泊まることも想定され、対象者以外の利用者が居住する場所では、それは叶わないという理由も考えられる。このように静養室に移動するケースとは、多床室利用者の場合が多く、個室利用者の場合は一時的な体調悪化であっても、看取り介護の対象になったとしても、静養室に移動せずにもともと暮らしていた部屋で継続対応することが多い。利用者自身がそのことを望む場合が多いからだ。

僕が管理者をしていた特養では、静養室がちょうど食堂兼ホールに面した場所にあった。ユニットケアの発想がない時代に建てられた古い造りの施設だから、この食道兼ホールは、利用者全員が集う場所として設計されており、そこにはステージが備えられ、全員が一堂に介して食事をとる場所になっていたし、アトラクションやイベントにも利用される場所でもあった。そこはとにかくにぎやかな場所であり、そこに面している静養室とは、その名称に反して静かな場所ではないということになる。これは設計上の意図があったわけではなく、たまたま看護処置室の隣のスペースが食堂兼ホールに面したスペースにあったということにしかすぎない。

しかし僕は、この場所に静養室があることは、結果論として「よかった」と思っている。確かにその場所は、静かな療養環境としてはそぐわない。しかし「看取り介護」を受ける人にとっては、静けさよりむしろにぎやかさが必要だと思うのである。むしろ、人々の暮らしの息吹が身近に感じられる場所の方が良いのである。本当に安静が必要で静寂な場所が求められる場合は、静養室でない個室を用意することも可能であるから、この環境は看取り介護を行うためのデメリットにはならない。

その静養室で母親を看取るために、長期間泊まり込んだ一人娘の長女の方がいた（17ページ参照）。その時たまたま食堂兼ホールから遠い位置にある個室が空いたことがある。その時僕はご家族の疲労も考え、その静かな個室に移動することを提案したが、その娘さんから申し出をやんわりと拒否された思い出がある。その時娘さんは、部屋を移りたくない理由を次のような言葉で説明された。

「ここは朝早く厨房からご飯を炊くにおいが漂ってくるんです。そのうちザワザワと人が集まってくる気配が感じられ、そのうち皆さんが朝食を摂る音や、にぎやかな声が聞こえてきます。食事を終えた後に訪ねてきてくれる方も多いのです。毎朝ラジオ体操が聴こえるし、いつも母の好きな歌が聞こえてきます。だから母も私も寂しくないのです。どうかこのままでお願いします」

その時僕は思った。終末期は一人静かに過ごすのではなく、皆に見守られて皆の明るい声を聞きながら過ごした方がよいのかもしれないと……。もちろんその考え方にも個人差はあるだろうし、静かな部屋で過ごしたいと思う人もいて当然だ。そういう人の思いにも心を寄せながら、すべての看取り介護対象者に対して、寂しい思いをさせることだけはさせてはならないと思った。安静が必要だとしても、人々の息遣いに触れることのない場所で、一人寂しく過ごすことが看取り介護として求められているわけではないのだ。最期を過ごす場所も、そうした配慮も含めて選択される必要があると思う。

そうであれば案外、ご飯の炊けるにおいに朝を感じることができ、人々のざわめきが聴こえるその静養室の場所は、最期の瞬間まで生きるを支えるための「看取り介護」においては、好ましい環境ではないかと考えている。

もちろんそれは、利用者や家族の選択性を保障しての話であることは言うまでもない。

5-8

旅立つ瞬間を看取る意味

我が国において現在、「孤独死」の明確な定義はない。一般的に孤独死とされているものは、事件・事故以外の病死・自然死などで、「自室内で、誰にも看取られず孤独のまま死亡すること」と解釈されている。だが、孤独死の法的な定義が存在しないため、こうした状態は、警察の死因統計上では「変死」という扱いになるほか、行政においては「孤立死」という言葉で表現されることもある。こうした場合、第三者や身内の方に発見されるまで、しばらく期間が経過してしまうケースが多くなり、遺体が発見されても身元が確認できないケースもある。向こう三軒両隣の関係が希薄になった現代社会では、隣人の存在を死臭によって初めて意識するというケースも珍しくなくなり、特殊清掃[※4]が必要になるケースも増えている。そういうケースをできるだけなくそうというのが、地域包括ケアシステムの目的の一つでもある。

ところで、僕が行う看取り介護講演では、医療機関や介護施設で死の瞬間を迎えるからといって、必ず看取り介護・ターミナルケアが行われているわけではないと

※4　特殊清掃とは、事件、事故、自殺、孤独死、孤立死などにより遺体の発見が遅れ、遺体の腐敗や腐乱によりダメージを受けた室内の原状回復をする清掃作業のことをいう。

した上で、そこには「医療機関内孤独死」「施設内孤独死」が存在すると指摘している。それは医療機関入院中の方や施設入所者の方が、定時夜間巡回の合間に息を止めて、死の瞬間を誰も看取ることのできなかった死のことを指した表現だ。それに対して、死の瞬間を看取ることができないからといって、きちんとした終末期の対応が行われていればよいのではないかという意見や、そこまで頑張る必要はないのではないかという意見もある。

確かにそうだろうと思う。終末期であるというコンセンサスのもとに、適切な対応さえできていれば、死の瞬間を必ずしも看取らねばならないということではないという意見に反論はない。在宅死であっても、死の瞬間に誰かが傍らについていなくとも、日常の支援行為が適切に行われていれば、それは孤独死ではなく、「在宅ひとり死」にすぎないので、定時訪問の際に息を止めていることが確認される死も孤独死ではなく、それは不適切ではないという考え方はあってよい。それは一つの価値観として認められてよいだろうと思う。

もともと人間は、一人で旅立っていくのが本来の姿なのかもしれない。一人でどこにいても死ぬことができるのが、命ある者の姿なのかもしれない。まして医療機関や介護施設で旅立つ人が、その瞬間を誰からも看取られずとも、その遺体が何時間も放置されることはないのだから、問題はないとも言えるわけだ。しかし同時に思うことは、誰しもが「ひとり死」を受け入れることができるわけではないということである。そういう人たちの傍らで、手を握って声をかけることには必ず意味があると信じて、そのために僕たちには何ができるかを考え続けるためにも、医療機関の中でも、介護施設においても、孤独死は存在すると訴え続けたい。そして、旅立つ瞬間に傍らで看取る誰かが存在するということによってしかできないこと、そこでしか生まれないものがあるのだということも訴え続けたい。

それは何か。家族などの親しい関係の人が、旅立ちの瞬間を看取ることで生まれる物語がある。そこには旅立つ人の思いや看取る人の思いが、残された方々の胸に深く刻まれる様がある。それを僕たちは命のバトンリレーと呼んでいる。家族が旅立ちの瞬間を看取ることができないケースも多々ある。高齢ご夫妻で、連れ合いの死の瞬間を看取りたいと希望しても、自分の体調がそれを許さないケースもある。その時、その人に代わって施設のスタッフが旅立ちの瞬間を看取ることができたならば、息を止める瞬間にどんな様子だったのか、最期に発した言葉はないのかを、看取ることができなかった遺族に伝えることができる。そこにいた者にしか伝えられない言葉により、遺族は臨場感を持ってその思いを受け取ることが可能になる。そこでも命のバトンリレーは生まれるのだ。想像やフィクションには存在しない「事実」によってしか伝えられないものがあるのだ。

90代の夫の死の瞬間を看取ることができなかった80代の妻は、最期の瞬間を看取ったスタッフに、その場面の様子を確認するように問いかけた。「苦しまなかったかい」「痛がらなかったかい」

「寂しがっていなかったかい」……。安らかに眠るように旅立っていった様子を聴いて、うなずきながら何度も涙をぬぐった妻は、その時に介護職員から聴いた話を、お通夜の席で家族や親せきに向かって何度も語り聞かせた。その話の内容は、あたかもそこに自分がいるかのようであった。それはきっと意味のあることなんだろうと思う。

僕たちの仕事は、一見無駄と思えることであっても、できることを真摯に続けていくことに意義があるのだろうと思う。そこまで頑張らなくてよいと言われようが、頑張ることができることは続けていこうと思う。それは、人間と命という最も崇高なものに向かい合う者の責任である。

第6章

看取り介護の課題

本書は看取り介護の専門書ではない。本書は看取り介護を通して、愛のある方法論を理論化しようとした介護の実践書である。誰かの人生の最終ステージに寄り添う人々の姿を通して、介護実践のあり方を語るものである。

6-1

新設されたターミナルケアマネジメント加算への要望

２０１８年４月の介護報酬改定では、居宅介護支援費にターミナルケアマネジメント加算４００単位／月が新設された。算定対象者と算定要件は、次のとおりである。

○対象利用者

・末期の悪性腫瘍であって、在宅で死亡した利用者（在宅訪問後、24時間以内に在宅以外で死亡した場合を含む）

○算定要件

・24時間連絡がとれる体制を確保し、かつ、必要に応じて指定居宅介護支援を行うことができる体制を整備

・利用者又はその家族の同意を得た上で、死亡日及び死亡日前14日以内に2日以上在宅を訪問し、主治の医師等の助言を得つつ、利用者の状態やサービス変更の必要性等の把握、利用者への支援を実施

・訪問により把握した利用者の心身の状況等の情報を記録し、主治の医師等及びケアプランに位置付けた居宅サービス事業者へ提供

従前から居宅介護支援事業所の介護支援専門員がターミナルケアのチームに参加し、末期がんの方の居宅サービス計画担当者としてかかわりを持つケースはあったが、それに対する特別な報酬評価はされてこなかった。しかし2018年4月からは、末期がんの利用者に対する介護支援専門員のこうしたかかわりについて、一定要件に該当すれば加算評価されたことは歓迎されることであろう。同時に、介護支援専門員は、ターミナルケアに関する知識向上とスキルアップに、さらに努める必要性も高まるだろう。

しかし、僕には一つ残念に思うことがある。それはこの加算が、「末期の悪性腫瘍」の方だけを対象にしていることである。もちろん、この加算の意味が、在宅で亡くなる末期の悪性腫瘍の方が増える中で、それらの利用者に対するケアマネジメントの充実を目指すために、末期の悪性腫瘍の利用者のケアマネジメントプロセスの簡素化と共に、頻回な利用者の状態変化の把握などに対する評価のために創設された加算であることは理解している。しかし、末期の悪性腫瘍以外の原因でターミナルケアが必要となる人も増えてくるし、激しい状況変化が起こらない状態で終末期を過ごす人についても、介護支援専門員が重要な役割を担ってかかわらねばならなくなる

ケースは多くなる。そうであればその原因疾患にかかわらず、ターミナルケア対象者はすべて、この加算対象にするべきではないかと考えるのである。

例えば、今後の地域社会では、在宅で枯れ行くように老衰死していく人が増えていくことが予測される。老衰死とは「自然死」なのである。それは外傷や病気などによらず、生活機能の自然衰退によって死に至ることを意味する言葉であると定義づけられている。

この時、経管栄養によって、意識のない人に強制的に水分や栄養を補給することは、本当に必要なのかということが問題となっている。せっかく楽に自然に逝けるものを、点滴や経管栄養や酸素吸入で無理やり叱咤激励して頑張らせることは、自然死を阻害するものではないかという考え方が示され始めているのである。

そのため、「生前意思」の確認のために「リビングウイル」を宣言する必要性が叫ばれてはいるが、家族間でも日常的に「死」を話題にすることを避ける傾向にあるため、その宣言が社会的に浸透せず、一般的になっていないのも事実である。

そうであるがゆえに、居宅サービス計画を担当する介護支援専門員が、利用者とその家族に対して、お互いの終末期の対応について、意思確認することの重要性を伝え、そうした機会を持つことを支援することが必要になるのではないだろうか。居宅介護支援事業所の介護支援専門員は、利用者が終末期になる前からかかわりを持つことがほとんどで、本人の意思が確認できる時期からかかわりを持つ場合が多い。そして利用者本人のみならず、家族とのかかわりも日常的に持つことになるケースが多い。しかも入院日数が短い病院などと比べると、本人や家族と時間をかけてかかわることができるのだから、ソーシャルワークの専門家という立場から、利用者のリビングウイルの支援が求められるのではないだろうか。多死社会である超高齢社会であるからこそ、その必要性は増すのだと考える。

このように考えると、リビングウイルの支援は極めて重要な介護支援専門員の役割であり、こうしたことを踏まえてターミナルケアマネジメント加算の評価対象者の拡大を図るべきではないだろうか。次期報酬改定では、ぜひこのことを議論の俎上に載せてほしいものである。

6-2 命と向き合う重さ。生きる意味を問うという命題の困難さ

僕が介護施設で看取り介護を行うための指標として「看取り介護指針」を作成したのは、2006年2月である。おそらくその指針は日本で最初につくられた看取り介護指針であったろ

う。その指針をもとにして、特養で実施する看取り介護の情報をインターネットやブログなどで発信していたことから、全国各地から研修の講師として呼ばれる機会が増えた。ターミナルケア研修、看取り介護研修、緩和ケア研修、ホスピスケア研修、名称は様々であるが、「終末期のケア」に関する研修に呼ばれることは現在も続いている。時に講師として、時にシンポジストとして、時にコーディネーターとしてご招待を受けるそうした場所は、自分の意見を一方的に発信するだけではなく、他の講師の方々や、研修受講者の方から意見を聞く機会ともなる。肯定的意見・否定的意見など、様々な声を保健・医療・福祉・介護関係者の皆様からいただきながら学ばせていただく機会は、僕にとっては何よりの勉強の場である。

そこではいろいろな気づきがある。ある研修会では、緩和ケア病棟の勤務医を経て、在宅療養支援診療所を経営している医師から、次のような教えをいただいた。

「医療機関で行う終末期医療・緩和ケアにおいて、在宅で行うことができないものはないが、在宅で行うことができることで、医療機関ではできないことは多い。畳が敷かれ、仏壇があり、家族がいる自宅だからこそ、可能となる看取り方がある」

ターミナルケアの実務にかかわる医師であるからこそ言える言葉であり、まさに金言である。人は暮らしの場でこそ、安らかに旅立っていくことができるのだ。そこに必要なのは、冷たい注射針や聴診器の感触ではなく、温かい家族関係なのであると、あらためて感じさせられた。

考えてみれば、医療機関（病院と診療所）で亡くなる方の比率が医療機関以外で亡くなる方の比率を超えたのは１９７６年（昭和51年）であり、それまでは在宅で旅立つ人も数多く存在したわけである。そのことを考えると、８割以上の人が医療機関で死ぬことが当たり前になった現代社会において、在宅で家族の旅立ちを看取っていた人が多かった頃と比べて、失われてしまった大切なものがあるのではないかということを、日本人は今一度考える時期に来ているのかもしれない。

先日札幌の某ホテルで「地域ホスピス緩和ケア研修セミナー」が開催され、「在宅と介護施設におけるホスピス緩和ケアを進めるために」をテーマにした議論が行われた。僕はその中で、「介護施設におけるホスピスケア」という講演を1時間行い、その後のパネルディスカッションにパネラーとして参加した。その中で一人の医療機関の院長（医師）が語られた内容に非常に感銘を受けた。その要旨は次のとおりである。

「認知症で自らの意思を表出できない方の状態悪化の際に、今まで何のためらいもなく胃に穴を開け、管を差し込んで延命治療を行っていたが、そのことが良いことなのか疑問になって、ある医師の集まりの際に疑問を呈したことがある。その時、会場から『認知症の人だって生きる権利があるんだ』との反論があった。でも僕は、認知症の人に生きる権利がないと言っているわけではなく、認知症の人だから生きる治療をしなくてよいという意味ではないのだ。認知症の方だからこそ、その生き方を選べない状況の人に対して、自分が疑問もなく管を入れることだけでよいのかということなんだ」

僕はこの考え方にとても共感できる。認知症で意思を示すことができない人に対しては、経管栄養にしたくないという意思表示ができないという理由で、機械的に経管栄養で対応するのが当然であるという考え方はおかしい。そのことがよいことなのか、その人の今後の人生にとって必要なことであるのかを、あらゆる角度から考えて、その人に何が必要なのかを考える必要があるのではないだろうか。その結果、認知症で意思表示ができないという社会的弱者に対する権利擁護のアボドカシーとして、経管栄養をしないという選択もあり得るのではないだろうか。もちろん、このことは現在の日本の法律や社会状況を考えると、医師という立場だけで、身内ではない者に対して、そのような決定をすることは難しい。本人または家族にしか、その決定はできないだろうが、そうであるからこそリビングウイルの宣言を促すという意味でも、医師という立場の人が、経管栄養で命の期限を永らえるだけが求められることではないことを、広く伝えてほしいと思うのである。

どちらにしても「どのように生き続けるのか」を自ら主張できず、選択できない認知症の方々だからこそ、周囲の人々がそのことを真摯に問い続けなければならないと思う。何の疑問も持たずに「まず延命ありき」よりは、「そのことに一抹の不安と疑問を持ってくれる」医師の方が、患者にとってもありがたい存在ではないだろうか。それは患者を単に認知症高齢者というカテゴリーに括ってしまう視点ではなく、認知症という症状を持つAさんという個人に対し、温かい眼差しが向けられるという意味だと思うからだ。

かつてアメリカ合衆国でも延命だけを重視する時代があった。それが変わり「尊厳死」という概念が大きくクローズアップされたのは、1975年の「カレン裁判」がきっかけであろう。娘の尊厳死を求めて、人工呼吸器を取り外すことを求めたカレンの両親の訴訟により、全米だけではなく世界中で延命治療と尊厳死の問題が議論されたという。しかし実際に我が国では、そのことで尊厳死が国民的議論になったという事実はない。国民の間でそのニュースが取り上げられ、興味を持たれたのは事実だが、尊厳死や自然死、延命治療の是非について、国民レベルでの議論は沸騰しなかった。そのことはわずかに医療関係者の間で一部議論されたにすぎず、それとて定説となるような結論が出されたわけではない。

しかしアメリカではこの裁判をきっかけに、国民全体に尊厳死や自然死という言葉が知れわたり、医療の現場での延命治療絶対主義が影を潜めていくきっかけになったと言えるのではないだろうか。

しかしカレン裁判[※5]は、人類に「生きる」ということを問い続ける過程では、単なるエピローグにすぎなかったのかもしれない。裁判に勝利して、人工呼吸器が外された時、カレンの身の上に起こったことを我々は決して忘れることはできない。人工呼吸器を外した時に、カレンの自発呼吸はよみがえっていたのだ。結果的にカレンはその後、こん睡状態から覚めることはなく、10年間自発呼吸をしながら生き続けた。神は、カレンという一人の女性の生命を通して、人類に何を訴えたのであろうか。我々はもしかしたら、あまりに重い「命題」と向き合っているのかもしれない。

※5　1975年４月、当時20歳のカレン・クィンランさんはパーティー会場で意識を失い、呼吸をしていない状態で発見された。彼女は長時間の呼吸不全に陥ったことで、脳に回復不能なダメージを受け、その後、病院で人工呼吸器を取り付けられた。

6-3

命の期限の告知をめぐる諸問題

介護施設で行われている看取り介護のための計画書については、ほとんどの同意者が看取り介護対象者本人ではなく家族ではないだろうか。そうすると、いずれこのことに異議というより、非難の声が挙がってくる可能性がある。

看取り介護の対象者には、意思表示や自己決定が困難な認知機能の悪化した方だけでなく、意思をしっかり表明できる見当識に衰えがない高齢者も数多く含まれているはずだ。看取り介護がどのように行われるかという具体的内容について、その本人の意思が確認されずに、家族だけが決めているのは不適切だという声が挙がるのは当然のことだ。

それに対し、看取り介護計画書の同意を家族からいただいている介護施設の関係者はどのように答えるのだろうか。認知症で計画内容の理解ができない人については、家族が本人の日頃の思いを振り返り、その思いに沿う形で、本人に成り代わって同意を求めており、あえて本人に同意を求める必要はないと言うだろうか。しかし僕は、本人から看取り介護の同意を得るということ自体、必要なことなのかと疑問視している。いやむしろ否定的だ。

終末期になる前に、その方自身がリビングウイルの宣言をする支援を行うことや、終末期になった際に、どこでどのように過ごしたいのかという希望を、本人が元気なうちから確認することは重要である。介護施設であれば、その確認内容として、「この場所で、なじみの職員による介護を受けて、最期を看取ってもらいたい」という希望を確認しておくことは大事である。そのことを否定するわけではない。

しかしこの施設で看取ってもらいたいという方に対し、「いよいよ貴方の命は医学的見地から判断して、終末に近づいています。ですからこれこれの方法で看取りの介護を実践します。心を込めて安らかな死を迎えられるよう援助しますので、最期までお互い頑張りましょうね」などと説明する必要があるだろうか。そのような説明を受けた方は、自分の死期が近いということをショックなく受け入れることができるだろうか。これは「死の告知あるいは死期の告知」そのものである。利用者は果たしてそのことを望んでいるだろうか。将来的に施設で終末期を過ごしたいということと、今まさに終末期であることを告げられて受け入れることは、全く違う問題である。実際はそういう告知をしてもらわずに、終末期であることにも気づかずに安らかに旅立ちたいという希望を持っている人も多いのではないか。

あるがん専門医の方とお話しした時、心に残っている言葉がある。「告知をすることが良いか悪いか、僕には結論が出せない。告知することで問題になることもあるし、告知しないことで問題となることもある。患者さん本人が希望している方法で、希望するとおり告知を行っても、それは同じだよ」と言われた医師がいた。また別の医師は、「告知を望んでいる人に告知したからといって、必ず良い結果につながるとは限らない。告知した後に自殺する方もいる。結果は神のみぞ知るだよ」と言われた。

確かに現代社会では、「がんの告知」が当然のように行われている。回復不可能な「末期がん」の場合でも、告知と余命宣告が行われるのが当然という風潮も見られる。僕自身は自分の病状について告知してほしいし、余命宣告も行ってほしいと思う。その結果、僕自身の心の中の動きがどうなるかは分からないが、どうなったとしても、それは自己責任として受け入れる覚悟はある。自分の病状や余命を自分自身が知らずに、家族だけが知って、そのことで家族が気を遣ったり、気に病んだりすることは嫌だ。そういう形で愛する家族を悩ませたくはない。しかしこの考え方には、かなり個人差があるのではないだろうか。その考え方について、世代間の差もあるのかもしれない。

現在、介護保険の1号被保険者となっている方々について言えば、がんの告知は普通には行われていなかった時代を長く生きてきた人たちである。そうであれば、治療不可能ながんの告知と余命宣告は行わないのが当たり前だと考えている人も多いのではないだろうか。その世代の方々は、果たして自分の余命宣告を望んでいるのだろうか。このことに一般論は必要とされないだろう。個別の希望や判断として、一人ひとり違う価値観を持つ人が、そのことをどう考えるのかという問題であり、「こうすべきである」という指導も示唆も誘導もあってはならない。そして「こうしてほしい」という判断がされた場合には、そのことを良いとか悪いとか、一切の審判をしてはならないし、いかなる条件も付けずに受け入れてその希望に沿って対応すべきだろうと考える。

ただ一つ言えることは、人間が幸福に暮らすための「小さな嘘」は許される場合があるということだ。特に死を目前にした人や、その周囲の人々に対して、善意の嘘をつくことによって、それらの人々の心の平安を保つことができるのであれば、そのためにつく嘘は許されるのではないだろうか。そしてそれは、真実を覆い隠すこととは少し違うのではないかと思う。死病の告知をせずに、看取り介護計画の同意を本人ではなく家族に求めるというのも、そういう善意の配慮と言えないだろうか。

作家の故・吉村昭氏の小説で、毎日芸術賞を受賞した『冷い夏、熱い夏』（新潮文庫）は、肺がんに侵された著者の弟の闘病生活と、周囲の人々の心情を綴ったノンフィクションである。吉村氏は若き頃、肺結核に侵され死を目前にしていた時期がある。その時に開発された新しい手術法により、吉村氏は奇跡的に死病から逃れることができたわけであるが、その時期に親身に看病してくれたのが、この作品に登場する弟であり、吉村氏にとっては兄弟の中でも特別な思いを持つ弟であった。その人ががんに侵された時、そして病状が進行し死が避けられない状態となっていった時に、弟は「がんではないか」という不安を持ち、吉村氏に真実を伝えてほしいと訴え続けた。しかし吉村氏は最後まで、「お前はがんではない。治る」と言い続けた。その時の心境を氏は小説の中で「欧米人の死生観と日本人のそれに、基本的な相違があることを意識したのは、心臓移植手術を素材にした小説の資料を得るための旅行をした時であった」として、次のように記述している。

「死病に近い癌という病名を伝えれば、患者は激しい精神的衝撃を受ける。それより事実をあくまでかくし通して死を迎えさせる方が好ましいのではないだろうか。それを情緒的だと言われれば、それでもいい。私たち日本人に染み付いたものであるのだから、仕方がない」

このようにして最期まで弟にがんであることを告げずに看取っていく吉村氏の姿が、小説では静かでかつ慈愛に満ちた文章で綴られている。こんなふうにして愛する人を護るためにつく嘘、愛する人に安らぎを与えるためにつく嘘は許されるのではないだろうか。事実を告げるだけが、唯一の答えではないように思う。

ところで告知に関連して、介護保険制度ではもう一つ大きな問題が存在している。2006年4月から、2号被保険者が介護保険の認定対象となる特定疾病に「末期がん」が加えられ16疾病になった。これは若年者が末期がんとなっても、訪問介護などの必要なサービスに対応できなかったことから改善が図られたものだ。

この場合、訪問看護については、「末期がん」は厚生労働大臣が定める疾病に該当しているため、介護認定を受けても引き続き医療保険の訪問看護を利用継続でき、その他のサービスとして介護保険のサービスが使えることとなり、訪問看護が支給限度額の関係で減らされるわけでもない。結果的に医療保険の訪問看護を使いながら、上乗せして介護保険の各種サービスが使える点では、利用者の利益となる改正であったと言える。

ただここで問題となるのは、2号被保険者の「末期がん」の方が、すべて医師から告知を受けているわけではないということだ。そうすると「末期がん」という特定疾病を持つことで介護認定を受けることができる方々は、認知機能には問題のない理解力がある方が多いと思え、介護保険サービスを導入する段階で「なぜ介護保険が使えるようになったのか」という疑問から、自分が「末期がん」であると告知を受けていない方へのサービス導入自体が「告知」となり、そのことによって激しい衝撃を受ける危険性が否定できない。

場合によっては、必要なサービスの導入のために、医師や家族に末期がんであることを「告知」

する必要性が問われてくるケースも考えられる。そういう意味で、担当となる居宅介護支援事業所の介護支援専門員は、このようなケースに対応する場合、細心の注意が求められる。当然、医師を含めた関係者との事前協議がより重要になってくるが、こういう問題点があるという医療チームの理解も不可欠である。今後、全国各地域で介護支援専門員と医師の協議の場を設け、検討される必要がある問題ではないかと感じている。

6-4 老健におけるターミナルケアの現状と課題

２０１５年度の介護報酬改定議論の際の第１０５回（H26.8.7）社保審―介護給付費分科会に、面白い資料グラフが提出されている。その資料では、介護老人保健施設（以下、老健）のターミナルケア加算は、全体的には算定率が低いが、在宅強化型老健の方が、従来型老健より算定割合が高いことが示されている。これはなぜだろうか。

当時の在宅強化型老健は、在宅復帰率とベッド回転率が一定割合を超えていなければならない施設である。そうなると、短期間に集中的に個別リハビリテーションを受けた後に自宅に戻る人が多くなり、特養の待機のために利用する人は少なく、利用者の入所期間は短くなる。在宅復帰した人に対しては、老健からの訪問リハビリなどで退所後のフォローもしている場合が多いが、それでも退所された人が、ずっと身体機能を維持できるわけではない。そのために一定期間自宅などで過ごした後に老健に再入所し、再び在宅復帰を目指すというケースが増えてくる。こうした利用を複数回繰り返すことで、ずっと施設入所したままではなく、一定期間は自宅などで過ごすことができる人がいるわけである。そういった利用者が、最終的には老衰などで回復不能な終末期になった時点で、なじみの職員がいる老健で終末期を過ごすことを求め、老健に入所してターミナルケアを受けるというケースが増えているのだ。

つまり老健で行われるターミナルケアは、老健で過ごしている人がそこで身体状況が変化して終末期を迎えるというケースにとどまらず、何度か老健を利用しながら在宅で生活していた利用者が、自宅などで終末期の状態になり、その対応が自宅などでは難しいことを理由にして、ターミナルケアを受けることを目的に、老健に入所するというケースがあるということだ。特養の看取り介護では、このようなケースはほとんど見られない。そういう意味では、老健のターミナルケアとは、住み慣れた地域で暮らし続ける取り組みを行った結果、最終的に安心・安楽の場所として老健が選択されるという意味で、それは地域包括ケアシステムの中で求められる重要な役割と言えるのではないだろうか。

そのため、2015年度の介護報酬改定時に示された改定の要点という資料には、「老健でのターミナルケア・看取りは、利用者の長期間の在宅療養支援の結果として行われるものであり、このような観点からターミナルケア・看取りを評価」と解説されている。

また、老健が在宅復帰・在宅療養支援であるという機能をさらに推進する観点から、報酬体系の見直しが行われた2018年度の介護報酬改定でもターミナルケア加算の見直しは行われず、このコンセプトは引き続き維持されている。今後も、すべての老健から在宅復帰した人が、繰り返し老健施設を利用しながら、最終的に老健で最期の時を過ごすというところまで見通しながら、利用者の暮らし全体を支えていくという考え方が必要とされるだろう。このように、老健の在宅復帰機能とターミナルケアの機能は相反する機能ではなく、在宅復帰を目指す先に、高齢期の終末をも支える機能を併せ持つという意味で、両者は矛盾しないと考える必要があるのだ。

地域包括ケアシステムの中での老健の役割とは、在宅復帰を目的とした施設内のリハビリ機能だけではなく、要介護高齢者が住み慣れた地域に戻った後の、利用者の居所における訪問リハビリ機能を併せ持つと同時に、最終的には加齢などの理由で回復不能になった場合であっても、最期まできちんと対応できるターミナルケア機能を持つことが求められていると言えよう。

しなくてもよい医行為のコンセンサスを得ることが重要

ところで老健でターミナルケアを実践しようとする際に、事前にスタッフ間のコンセンサスを十分にとっておかないと、後々厄介となる問題がある。それは『自然死とは何か?』というコンセンサスをすべてのスタッフから得ておくことであり、そのことに関連して、経管栄養や点滴をどう考えるのかという問題である。

老健には医師が常勤配置されており、なおかつ過半数の老健は、看護職員の夜勤体制もあり、24時間医療行為ができる施設であるという側面がある。つまり医療行為ができるだけに、可能な医療行為である点滴の実施、経管からの栄養補給について、『行わない』とする判断が難しいのである。できる行為をしないためには、「しなくてもよい」あるいは「しない方が良い」という判断基準が必要である。その根拠を看護職員が十分理解しないままターミナルケアを実施すると、実施中に「なぜ経管栄養を行わないのか」「経管栄養をしないという治療の中止は倫理上・道義上、問題とされるのではないのか」という疑問が一部のスタッフに生じかねない。そうなるとその施設におけるターミナルケアは、スタッフの意思不統一の状態となり、バラバラの考え方と思惑が交差している中で行われることになり、それはターミナルケア対象者やその家族にとって、何よりの不安要素である。そのような状態でターミナルケアが実施されることは防がねばならず、そのために事前の教育と意思統一は不可欠なのである。

しかしながらそれは、高齢者の点滴や経管栄養を全否定するような論理であるはずがない。必要な救命治療と不必要な延命医療の線引きをどうするかという問題であって、この点が明確化され、コンセンサスを得られればよいわけである。この部分の議論や教育は避けて通れないところであり、それをきちんとレクチャーできる講師役が内部にいない場合、講師を外部に求めなければならないこともあるわけである。

高齢者の点滴や経管栄養を、不必要な延命治療のごとく論じるのは間違っている。脳梗塞や誤嚥性肺炎など、特定の病気を繰り返している高齢者などの場合でも、治療を試みて状態を改善させようとすることは当然であり、仮にその人が１００歳であるからといって、その治療を試みないという判断があってはならない。状態改善・症状緩和につながる点滴や経管栄養は必要な治療であり、高齢を理由にしてそれらの行為を否定することは許されない。

そもそも経管栄養と一言で言っても、それはいろいろな状態が考えられ、経口摂取だけでは十分栄養改善ができない場合に経管栄養で補う方法もあり、それは必要な対応である。場合によっては食事を経口摂取し、薬や水分のみ経管摂取しているという事例も見られる。それは必要な医療行為である。

このように食事の経口摂取ができない人だけが経管栄養を行っているということではなく、高齢者の経管栄養を一律否定するような偏見はあってはならないのである。一方で、終末期で回復が期待できない状態であるにもかかわらず、点滴や経管栄養で延命を図っているケースがある。その際の点滴や経管栄養が、終末期を生きるためのＱＯＬの改善につながるのなら必要な行為と言えるだろうが、我が国の現状から言えば、決してそうではない事例が多々見られる。点滴や経管栄養により、心臓を動かし続ける時間を長くできたとしても、そのことが点滴や経管栄養を施されている人にとって、苦しみの時間を長くしているにすぎないケースが多々あるのだ。

自然死しようとする人の死を阻害することは、そのまま苦痛を引き延ばすことではないのだろうか。２人の医師の言葉がそれを表している。

「老衰の終末期を迎えた体は、水分や栄養をもはや必要としません。無理に与えることは負担をかけるだけです。苦しめるだけです」

（石飛幸三医師著『平穏死のすすめ』講談社）

「点滴注射の中身はブドウ糖がわずかに入った、スポーツドリンクより薄いミネラルウォーターです。『水だけ与えるから、自分の体を溶かしながら生きろ』というのは、あまりに残酷というものではないでしょうか」

（中村仁一医師著『大往生したけりゃ医療とかかわるな』幻冬舎新書）

特養や老健で、自然死を阻害する点滴により、足がパンパンに腫れた状態で寝かされている人に、ＱＯＬは存在するのだろうか。それは必要な治療行為と言えるのだろうか。経管栄養にしても、それによってＱＯＬが改善できるのであればよいが、苦痛や不快感を増す経管栄養がそこかしこに存在する。そもそも経管栄養によって、すべての対象者の機能状態や生命予後が改善されるというのは神話の世界で、機能状態や生命予後の改善は末期の状況では期待できない。それは自然死を阻害し、苦しみを増す行為にしかすぎなくなる。

療養病床の一室で、経管栄養によって命をつないでいる人が、痰がつまらないように気管切開され、チューブが入っている状態を想像してほしい。それらの人たちは、意思疎通もできず、起きているのか眠っているのかも分からない状態で、日がな一日ベッド上で寝て過ごしている。しかしそれらの人が、1日数回の気管チューブから痰の吸引のたびに、体を震わせて苦しんでいるのだ。これが生きるということなのだろうか。ここに過度な延命行為は存在しないのだろうか。これが世界一の長寿国・日本の姿である。この陰の部分を見直す必要があるのではないだろうか。

例えば、アルツハイマー型認知症の方の晩期の摂食障害をどう考えたらよいだろうか。アルツハイマー型認知症の症状の一つとして、脳細胞が減って、口や喉の筋肉の動きをコントロールできなくなるため、むせやすくなるという症状が見られる。そうなった場合、一時的には食事形態を工夫することでむせないで食べることができるが、症状は確実に進行し、再びむせるようになる。そして口を開けなくなったり、咀嚼せず、いつまでも口の中に食べものをためたりするようになる。

また、舌の上で食べものをもてあそび、いつまでも飲み込まない人がいる。この場合は経管栄養とする以外、栄養摂取できる方法はなくなる。しかしその状態で経管栄養を施し、年単位で命をつなぐことができたとしても、果たしてそれが求められていることなのだろうか。この状態は、体が食べものを必要としなくなっている状態と言えるのではないだろうか。終末期の選択肢の一つと言えないだろうか。そうではないとしても、もはや口から栄養摂取ができなくなったアルツハイマー型認知症の人に胃瘻を造設した場合に、「胃瘻カテーテル」(カテーテル=管、チューブ)を抜いてしまうことが多い。その行為は、胃壁内部を損傷させて、重篤な状態を引き起こす可能性があるために、身体拘束禁止の例外にあたるとして、一時的と称され手をベッド柵に縛られてしまう。その状態が嫌だともがき苦しんでいる認知症の人が全国に何万人いるだろう。

しかしその行為は、胃瘻を造り、そこに差し込まれたカテーテルの違和感を我慢できないという理由によるものだ。その違和感の元凶である胃瘻から栄養を注ぎ続けるために、手足を縛られる人の苦しみが増すことはやむを得ないことと無視されてよいのだろうか。そもそもその胃瘻は必要だったのだろうか。自分にその状態を置き換えた時、そうまでして自然死を阻害し、命を永らえることをあなたは望むだろうか。それを望む人は決して多くはないだろう。

そうした観点から、介護施設や在宅で、看取り介護やターミナルケアにかかわる関係者が、「自然死を阻害しない」「不必要な延命行為は、ターミナルケアの対極にある」ということを理解し、チームでコンセンサスを交わした上で、看取り介護・ターミナルケアにかかわる必要があるのだと思う。

老健でターミナルケアに取り組む際には、医師を巻き込んで、看護チーム全体が、こうした視点から点滴と経管栄養のあり方を確認し合うところから始めないと、大きな混乱につながる恐れがあるので、くれぐれもご注意願いたい。

コラム3 和江さんの戦中・戦後～過酷な運命を生きた人が最期に発した言葉

1945年（昭和20年）7月14日から15日にかけて、北海道は米軍による大規模な空襲に見舞われた歴史がある。しかし、その事実を知らない道民の方が多いのが現状である。かくいう僕も、そのような戦史があったことは全く知らなかったが、登別市の特養に就職して、ある一人の利用者との出会いによって、その事実を否応なく知らされることになった。その利用者とのエピソードの前に、北海道空襲について史実を振り返っておこう。

終戦のわずか1カ月前の7月14日、アメリカ海軍は北海道南部から登別市沖合へと展開（※Ⅰ）。13隻の航空母艦から延べ3000機以上もの艦載機を発進させ、北海道主要都市に無差別爆撃および機銃掃射を行い、道内各地で甚大な被害が生じた。制海権も制空権も米軍に奪われ、米軍機を迎撃できる戦闘機は国内にはほとんど残っていなかった状況を考えると、この攻撃は非戦闘員に対しての米軍による一方的な殺戮と言っても過言ではない残虐な行為であった。この空襲により、2000人以上もの道民（非戦闘員）が亡くなられている（※Ⅱ）。しかし、この数には軍人の数は含まれていない。あくまで非戦闘員である一般市民の死者数なのだ。その中にはまだ幼い乳飲み子も、足腰が弱って防空壕に逃げ込めなかった高齢者も含まれている。

北海道の中で、一番被害が大きかった地域は、現在僕が住む登別市の隣街である室蘭市であった。その理由は、室蘭市が重要な軍需工場群を持っており、特に日鋼室蘭の第六工場は、B29に対して唯一威力を発揮する武器である射高2万メートルの最新鋭の高射砲を生産できる国内唯一の工場であった。それは制空権を失っていた当時の日本にとって、事実上唯一米軍機に対抗できる武器であったために、米軍機動部隊にとっては重要で格好の攻撃目標となったのである。

14日の空爆と、15日の幌別沖からの艦砲射撃による被害は、室蘭市街地では、被災世帯1941世帯、被災人員8227人、死者436人、重軽傷者49人（軍人含まず）とされている（※Ⅲ）が、実際にはこの記録よりも多くの死者が出たとも言われている。この2日目の海からの艦砲射撃の爆風を浴びて、背中に大やけどを負いながら、命は奪われずに済んだ和江さん（仮名）という女性がいた。彼女はその日、生まれたばかりの我が子も、そのほかの家族もすべて失い、夫も戦地で戦死していたことから、天涯孤独な身の上となった。

和江さんはその後、登別温泉の旅館で働きながら生計を立てておられたが、1980年代に60代前半で脳出血後遺症となり、僕が生活指導員として勤務していた特養に入所されてきたという経緯がある。和江さんは、「生きていて何にもいいことがなかった」「あの時、死ねばよかった」

という言葉を口癖にしていた。ケロイド状に焼けただれた背中を他人に見られたくない和江さんは、ほかの人と一緒に入浴することを強く拒んでおられた。そのため、ほかの人が入浴を終えられた後、和江さんのみ別に入浴介助をしなければならなかった。しかし、現在より配置人数も少ない介護職員（当時は寮母という名称だった）では対応困難で、生活指導員として勤務していた僕が、和江さん専用の三助さんがごとく、入浴対応していた。その時、焼けただれた背中を流す時、和江さんはいつも同じことを繰り返し訴えられた。「この汚い背中には、自分の娘の皮膚が張り付いている。もし娘がここにおんぶさっていなかったら私は死んでましたね……。でも死ねばよかったです……」。このような不幸があってよいものなのか。それは本当に現実に起こったことなのだろうか。そんなふうに思いつまされた。

まだ若かった僕は、自身の仕事に対する明確なビジョンも持っていなかったが、和江さんがずっとそういう思いを抱いて生きてきた数十年間のつらさに思いを馳せた時、せめて僕がかかわるその人の最晩年期が、少しでも和江さんにとって意味のあるものにしたいと思った。生きていてよかったと思えるようにしたいと思った。そうできなくとも、少しでも和江さんが笑っていられる時間をつくりたいと思った。

その時に出合ったのが、マザーテレサの**「人生の99%が不幸だとしても、最期の1%が幸せならば、その人の人生は幸せなものに変わる」**という言葉である。

この言葉が、心の琴線に触れず、そんなことはあり得ないと否定する人もいると思う。しかし僕は、そのことを信じてあの時、大やけどを負った体で数十年の人生を生き続けた人にかかわったし、今、高齢者介護という場で、すべての人々の人生の幸福度を左右するかもしれないという思いで、日々かかわっている。介護という職業は、どんな幸せも不幸に変える力がある。反面、どんなに幸せな人生を送ってきた人であっても、最期の1%が不幸だとしたら、その人生は不幸なものに変わってしまうという恐れと、そこにかかわる介護という職業の責任も日々感じている。

和江さんは、その後長くその施設で暮らしていたが、僕がその施設の管理者になった数年後に、施設内で看取り介護を受けて旅立っていかれた。全く身寄りのない方であったから、最期は僕が手を握って看取った。和江さんが施設で過ごした数年間で、彼女の人生が少しでも幸せなものに変わったかどうかは分からない。しかし少なくとも、僕やスタッフが、彼女の幸福を願って真摯にかかわりを持ち続けたことは事実である。和江さんの看取り介護期間は、わずか12日間であったが、そこにつながる数年間の日常介護を通して、マザーテレサの言葉を実現しようとするスタッフの姿勢が変わることはなかったと自負している。そのことは僕やスタッフにとっての財産でもある。だからその言葉は今でもその施設のコンセプトの中に入れられて、後輩たちに伝え続けられているものと思う。

和江さんの最期は安らかで穏やかなものであった。身内がいない分、スタッフという家族が居室にあふれんばかりに集まり、旅立つ瞬間まで声をかけ、静かに息が止まる瞬間を看取った。和江さんは亡くなる数十分前まで声を発することができたが、最期に発した言葉は、「アンガトサン」だった。それはとても穏やかで安らかな言葉であるように、僕には聞こえた。

※Ⅰの米軍の展開経路、※Ⅱの死者数、※Ⅲの被災数データは、すべてウィキペディアの「北海道空襲」より引用。

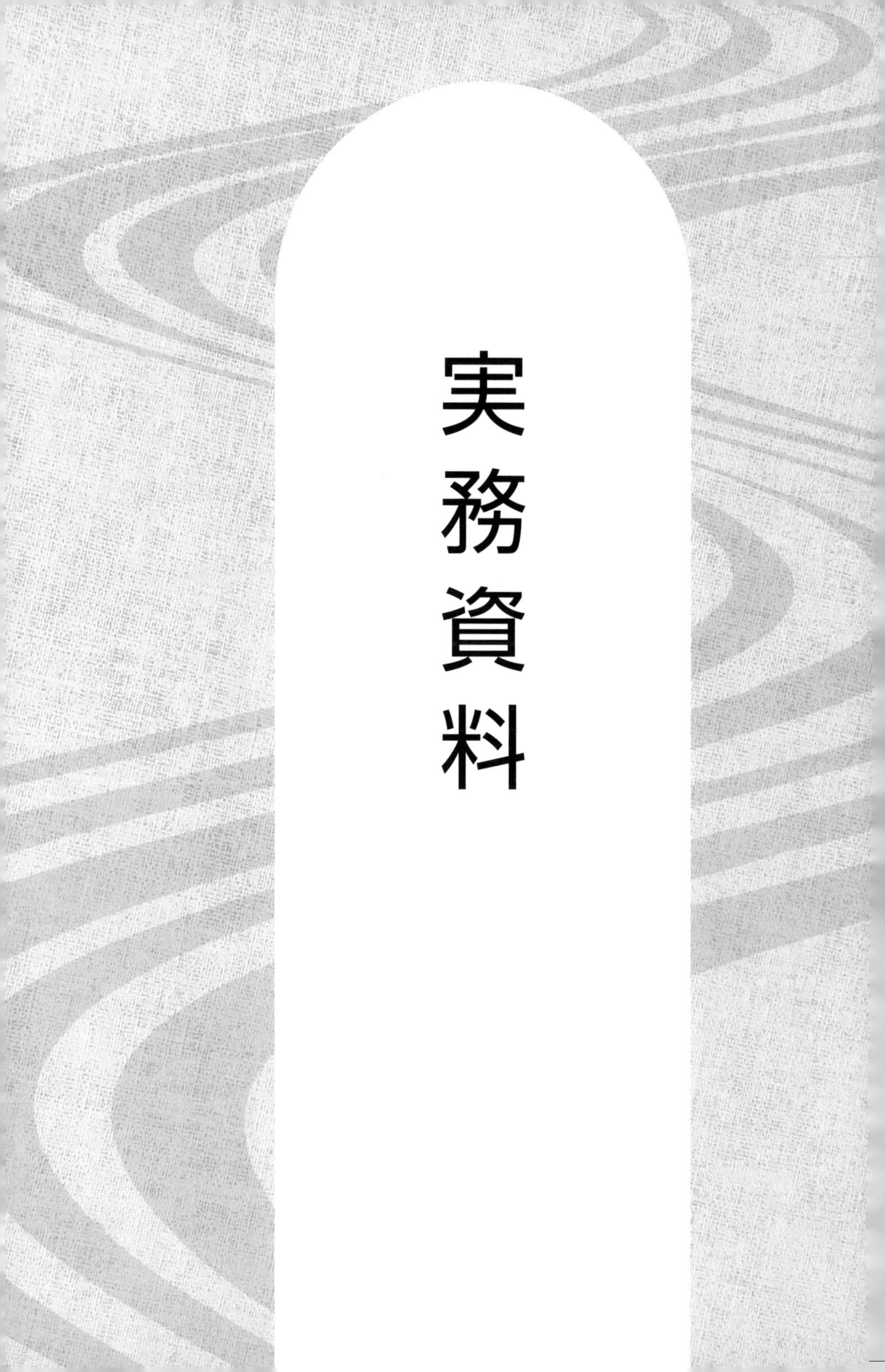

実務資料

実務資料1●特別養護老人ホーム　看取りに関する指針

特別養護老人ホーム　看取りに関する指針

1．当施設における看取り介護の考え方

看取り介護とは、近い将来に死に至ることが予見される方に対し、その身体的・精神的苦痛、苦悩をできるだけ緩和し、死に至るまでの期間、その方なりに充実して納得して生き抜くことができるように日々の暮らしを営めることを目的として援助することであり、対象者の尊厳に十分配慮しながら終末期の介護について心を込めてこれを行うことである。

2．看取り介護の視点

終末期の過程においては、その死をどのように受け止めるかという個々の価値観が存在し、看取る立場にある家族の思いも錯綜することも普通の状態として考えられる。

施設での看取り介護は、長年過ごした場所で親しい人々に見守られ自然な死を迎えられることであり、施設は利用者または家族に対し以下の確認を事前に行い理解を得る。

1）施設における医療体制の理解（常勤医師の配置がないこと、医師とは協力医療機関とも連携し必要時は24時間の連絡体制を確保して必要に応じ健康上の管理などに対応すること、夜間は医療スタッフが不在で、看護師は緊急時の連絡により駆けつけるオンコール体制であること）。

2）病状の変化などに伴う緊急時の対応については看護師が医師との連絡をとり判断すること。夜間においては夜間勤務職員が夜間緊急連絡体制に基づき看護師と連絡をとって緊急対応を行うこと。

3）家族との24時間の連絡体制を確保していること。

4）看取りの介護に対する本人または家族の同意を得ること。

3．終末期にたどる経過（時期、プロセスごと）と それに応じた介護の考え方と対応マニュアル

看取り介護の対象となる方の、入所から看取り介護実施～終了に至る経過については、看取り介護実施のフローチャート（別紙参照）のとおりである。なお終末期に起こり得る身体状況の変化とその対応については、看取り介護対象者もしくはその家族に対し、看取り介護実施の同意を得る際に、パンフレット「愛する人の旅立ちにあたって」（別紙参照）によって説明し理解を得ることとする。

4．看取り介護の具体的支援内容

1）利用者に対する具体的支援

①ボディケア
- バイタルサインの確認　・環境の整備を行う　・安寧、安楽への配慮
- 清潔への配慮　・栄養と水分補給を適切に行う
- 排泄ケアを適切に行う　・発熱、疼痛への配慮

②メンタルケア
- 身体的苦痛の緩和　・コミュニケーションを重視する
- プライバシーへの配慮を行う
- すべてを受容してニーズに沿う態度で接する

③看護処置
- 医師の指示に基づき必要な点滴や酸素吸入などの看護処置を看護職員によって行う

2）家族に対する支援
- 話しやすい環境をつくる　・家族関係への支援にも配慮する
- 希望や心配事に真摯に対応する
- 家族の身体的、精神的負担の軽減へ配慮する　・死後の援助を行う

5．看取り介護の具体的方法

1）看取り介護の開始時期

看取り介護の開始については、医師により一般に認められている医学的知見から判断して回復の見込みがないと判断し、かつ、医療機関での対応の必要性が薄いと判断した対象者につき、医師より利用者または家族にその判断内容を懇切丁寧に説明し、看取り介護に関する計画を作成し終末期を施設で介護を受けて過ごすことに同意を得て実施されるものである。

2）医師よりの説明

①医師が5の1）に示した状態で、看取り介護の必要性があると判断した場合、看護職員またはソーシャルワーカーを通じ、当該利用者の家族に連絡をとり、日時を定めて、施設において医師より利用者または家族へ説明を行う。この際、施設でできる看取りの体制を示す。

②この説明を受けた上で、利用者または家族は利用者が当施設で看取り介護を受けるか、医療機関に入院するか選択することができる。医療機関入院を希望する場合は、施設は入院に向けた支援を行う。

3）看取り介護の実施

①家族が施設内で看取り介護を行うことを希望した場合は、介護支援専門員は医師、看護職員、介護職員、栄養士などと共同して看取り介護の計画を作成すること。なおこの計画は医師からの利用者または家族への説明に際し事前に作成しておき、その際に同意を得ることも考えられること。

②看取り介護の実施に関しては原則個室で対応すること。なお家族が泊まりを希望する場合、看取りの個室に家族宿泊用のベッドをセットすることは家族への便宜を図ることであり個室の条件から外れるものではないこと。

③利用者または家族の希望により多床室で看取り介護を行う場合は、他の同室者の同意を得て、適時、本人または家族の意思を確認すること。

④看取り介護を行う際は、医師、看護師、介護職員等が共同で入所者の状態または家族の求めなどに応じ随時、利用者または家族への説明を行い同意を得ること。

⑤施設の全職員は、利用者が尊厳を持つ一人の人間として、安らかな死を迎えることができるように利用者または家族の支えともなり得る身体的、精神的支援に努めること。
特に肉親の死と向かい合う家族の悲嘆感に配慮して、その哀しみから立ち直る支援に努めることとする。

6．施設などにおいて看取りに際して行い得る医療行為の選択肢

看取り介護は、対象者が人生の最終ステージにおいて最期の瞬間まで、安心・安楽に過ごすことを目的としており、そのために考え得る医療・看護について、医師の判断で都度適切に行うこととする。その際に、延命処置（心臓マッサージ・除細動（AED）・人工呼吸・輸血）などは基本的に行わず、点滴も対象者の苦痛にならないように、必要最小限の対応とする。食べものを経口摂取できなくなった場合も、経鼻経管栄養・胃瘻造設・IVH対応を行わず対応することを基本とする。医療機関への緊急搬送や入院治療なども行わずに、最期の瞬間まで施設で安楽に過ごすことができるように対応する。なお、看取り介護実施後も、本人およびご家族の意思で、看取り介護を中止し、医療機関などで対応するなどの希望があれば、ご希望に合わせた対応に変更することとする。

7．夜間緊急時の連絡と対応について

当施設の夜間緊急時の連絡・対応マニュアル（別紙参照）によって適切な連絡を行うこと。

8．協力医療機関との連携体制

当施設は協力医療機関である○○病院との連携により、365日、24時間の連絡体制を確保して必要に応じ健康上の管理などに対応することができる体制をとっている。

9．看取り介護終了後カンファレンスの実施について

1）看取り介護が終結した後、看取り介護の実施状況についての評価カンファレンスを行うものとする。

2）介護支援専門員またはソーシャルワーカーは、看取り介護対象者の遺留金品引き渡しの際、家族などに別紙様式におけるアンケート用紙（別紙参照）への記入協力を求める。家族などがこれを拒否する際にはアンケート用紙の記入は求めない。

3）介護支援専門員は遺留金品引き渡し終了から１週間以内に「看取り介護終了後カンファレンス」を開催する。参加職員は相談員、看護職員、介護職員、栄養士、その他必要に応じた職員とする。この際、家族によるアンケート結果がある場合は、これを資料として提出する。

4）カンファレンスは別紙（別紙参照）の内容に基づき話し合いを行い報告するものとする。

10．責任者

夜間緊急対応および看取り介護については、看護師のうち１名を定めて、これを責任者とする。

その他

（2006年３月作成）
附則：2006年９月７日より、この改正指針を実施する。
附則：2008年４月１日より、この改正指針を実施する。
附則：2008年９月１日より、この改正指針を実施する。
附則：2014年４月１日より、この改正指針を実施する。
附則：2015年４月１日より、この改正指針を実施する。

実務資料2 ● 看取り介護終了後カンファレンス報告書

施設長	○○○○	○○○○	○○○○

看取り介護終了後カンファレンス報告書

看取り介護対象者：○○○○

生年月日：　　　年　　月　　日（　　歳）

看取り介護対象期間（　　　年　　月　　日～　　　年　　月　　日まで）

（家族の評価）情報の出所：□アンケート　□聞き取り　□その他（　　　　　）

（看護部門の評価・課題）

（介護部門の評価・課題）

（相談援助部門の評価・課題）

（給食部門の評価・課題）

（総合的な評価・課題）

（その他）

特別養護老人ホーム○○○○

実務資料3 ● 看取り介護実施に関するアンケート

看取り介護の対象となった方の氏名：

アンケートに答える方のご関係　□夫　□妻　□子　□孫　□その他（　　　　　）

1．このたびの看取り介護の実施について貴方の感想をお聞かせください。

1．職員の対応について □満足している　□どちらかといえば満足している　□どちらともいえない □どちらかといえば不満である　□不満である	
上記の理由について答えられる範囲でご記入ください。	
不安や不満を感じた点はありませんでしたか。	(感じた点がありましたらご意見をご記入ください)
今後改善すべき点についてご意見を伺わせてください。	

2．医療・看護体制について □満足している　□どちらかといえば満足している　□どちらともいえない □どちらかといえば不満である　□不満である	
上記の理由について答えられる範囲でご記入ください。	
不安や不満を感じた点はありませんでしたか。	(感じた点がありましたらご意見をご記入ください)
今後改善すべき点についてご意見を伺わせてください。	

3．介護サービスについて □満足している　□どちらかといえば満足している　□どちらともいえない □どちらかといえば不満である　□不満である	
上記の理由について答えられる範囲でご記入ください。	
不安や不満を感じた点はありませんでしたか。	(感じた点がありましたらご意見をご記入ください)
今後改善すべき点についてご意見を伺わせてください。	

4．設備・環境について □満足している　□どちらかといえば満足している　□どちらともいえない □どちらかといえば不満である　□不満である	
上記の理由について答えられる範囲でご記入ください。	
不安や不満を感じた点はありませんでしたか。	(感じた点がありましたらご意見をご記入ください)
今後改善すべき点についてご意見を伺わせてください。	

2．全体を通してご意見がおありでしたらご記入ください。

看取り介護全体を通して □満足している　□どちらかといえば満足している　□どちらともいえない □どちらかといえば不満である　□不満である	
上記の理由について答えられる範囲でご記入ください。	

3．その他、ご意見がありましたら自由に記入してください。

※ご協力ありがとうございました。

特別養護老人ホーム○○○○

実務資料4 ● 夜間緊急時の連絡・対応マニュアル

夜間緊急時の連絡・対応マニュアル

※緊急連絡の原則は以下のとおりとする。

看護師呼び出しの場合

夜勤CW→待機看護師→医師
待機看護師→家族

緊急搬送時

※利用者が事故、病気などで医療判断が必要と考えられるケースについては夜間待機看護師に連絡して指示を仰ぐこと。
（意識レベルに混濁がなく、生命の危険性が差し迫っていないと判断できる場合であっても、看護処置あるいは医療上の判断が必要な場合は、看護師への連絡を怠ってはならない。連絡が必要か不要か判断に迷う場合は、連絡して指示を仰ぐことを優先する）

夜勤CW→待機看護師（看護師の指示に従い、緊急搬送要請）

待機看護師に詳しく状態報告すること
例：顔色・意識状態・呼吸状態・バイタル（熱・血圧・SpO_2）

- 状態不良の時は血圧聴取できないことがあるため、血圧測定2～3回ほど行い聴取不可の時は、そのように待機看護師に伝える。
- ただし、緊急性に応じて生命の危険が差し迫っている場合は速やかに救急車出動要請を行う。

夜勤CW→救急車出動要請

1）119に電話をかけ、「救急車お願いします」と、伝える
　例：性別・年齢・容体（状況・意識の有無・出血部位など）などを報告
2）住所、電話番号を伝える
　住所：○○○○　○○園、電話：○○○○
3）「○○玄関でお願いします」と伝える
　※入口が複数ある場合などの注意事項を伝えること

夜勤CW→家族に連絡

【1】「○○園介護職員　○○です」
【2】「△△さん（対象者氏名）ですが、～時頃より～で、これから救急車で病院に向かいます」
【3】「行き先の病院が決まっていないので、決まり次第、電話報告します」（一度、電話を切る）

【病院決定時】「□□病院へ向かいますので、ご家族の方も向かっていただけますか」
※家族が、遠方などで病院に来られない場合もある。家族が来られるかどうかを、病院に付き添った待機看護師に伝える

夜勤CW→待機CW
夜勤CW→施設長

救急車を呼び、救急車が来るまでの間の対応手順

- バイタルサイン測定（血圧・SpO_2の測定、意識状態の確認など）
- 全身状態の観察（外傷・出血の有無など）
- 状況に応じAED装着し使用する
- 救急車が来るまでの準備
- 対象者の『看護記録』ファイル（引き継ぎ時、看護師が使用しているファイル）から、対象者分の個人記録、表紙をコピーし、病院に持参する
- 対象者の『入園者家族連絡簿』をコピーし、持ち歩く
- 救急隊員到着まで経過（状態）を観察し、到着後報告、夜勤CWは同行する

※欠員のサポートとして**当日待機CW**が入る。

搬送先病院到着後

- 対象者の個人記録コピーを病院のスタッフに渡す。
- 搬送までの経過を病院のスタッフに説明する。

あとがきに代えて

人はいつか死んでいく存在である。しかし今この世に存在している人で、死を経験した人はいない。死に行く人を看取る人は、その時死に臨む人々が何を感じ、どんな思いで旅立っていくのかを想像するしかない。過去にたくさんの死に直面し、その経験から死に行く人々の肉体的な変化の知識をいくら得ようとも、我々には想像がつかないものがそこにはあるのかもしれない。万能の神ではない人間として、そこの部分は謙虚に、真摯に頭(こうべ)を垂れて相対する必要がある。

だからこそ僕たちには死を見つめる姿勢以前に、生を見つめてかかわろうとする姿勢が求められると思う。旅立つ人が息を止めるその瞬間まで、確かにこの世に生きており、そのことが素晴らしいことであると実感できるように、生きることを支えながら、安らかに旅立っていくことができるように寄り添う必要がある。そのために我々のできる限りの知恵と力で支え続ける必要があるのではないだろうか。

僕たちにできることは限りがあるし、その力は大きくはないのかもしれない。そうであってもできる限りのことを悔いなく行いたい。いつか燃え尽きようとも、そこに生命が存在している限り、僕たちにはできることがあるはずだ。小さなことしかできない人間であっても、大きな愛を贈ることはできるだろう。愛などという抽象的な表現で介護を語ることを否定する人も多いが、人としての愛情や心の温かさを感じられない方法で介護を受けることを望む人はいるのだろうか？

いくら技術や手法を手に入れても、手を差し伸べるべき目の前の人々が望まない形での手技・手法など迷惑でしかない。ましてやこの世で最後に差し伸べられる誰かの手が、愛も温もりもない、無機質な機械のような手であってよいのだろうか。僕は人の温かい思いが伝わるケアを目指したい。そういう方法論を創っていきたい。笑顔も涙も、そのためのエッセンスだ。感情のある人間同士のふれあいだからこそ、それぞれの感情に寄り添う方法を大切にしたい。しかしそれを単なる感覚的問題として終わらせることなく、根拠と理論に基づいた方法論として伝えたい。

愛情は理屈では語れないし、愛情や思いを理論化することは難しいだろう。しかし、愛のある方法論を理論化することは可能ではないのか。愛のある方法論の先に、どのような結果が生まれるのかを説明することも可能なのではないか。なぜなら僕たちには、実践事実とその結果という何にも代えがたい根拠があるからだ。そこで事実として交わされた愛の風景を語ることで、伝えられるものがあるはずだ。

僕が今まで経験してきた看取り介護の場面では、一人ひとりの尊い命と向かい合いながら、時には共に喜び、時には共に感動し、時には共に涙して様々なエピソードを積み重ねてきた。そこには対人援助の専門家としての専門性はなかったのかもしれない。しかしそんなものより、人として命の尊さを思い、そのはかなさを憂い、消えゆく命の灯を哀しく思いながら、逝く人の命の光が誰かの心につながっていくようにお手伝いすることが大事だと思ってきた。

感情を制御して、心を震わせないでいることで、見逃してしまうものがあるとしたら、それは決して取り返しのつくものではなく、二度と手に入れられない大切なものを失うということなのかもしれない。

本書を通読してくださった読者の皆様が、そんな思いを抱いてくだされればありがたい。そういう人たちが、どこかで終末期を過ごす人の傍らに寄り添い、看取り介護を受けている方の最期の時間が豊かなものとなり、旅立つ人がこの世に生を受けたことの喜びを感じながら、安心・安楽の中で旅立っていけるとしたら、これ以上の幸福はない。

2019年1月

菊地雅洋

著者略歴

菊地雅洋

北海道介護福祉道場　あかい花　代表

（一般社団法人　琉球介護コミュニティ協会　理事）

北星学園大学文学部社会福祉学科卒業。特別養護老人ホームの施設長を経て現在はフリーランスとして、介護福祉関係の組織や団体から講演依頼を受けて全国を奔走中。ブログ「ｍａｓａの介護福祉情報裏板」では一味違った切口で、福祉や介護の現状、問題について熱く語っている。主な著書に介護職としての使命ややりがいをまとめた『介護の誇り』（日総研出版）等がある。

看取りを支える介護実践

2019年1月31日 発行　　第1版第1刷

著者：菊地雅洋(きくち まさひろ)©

企画：日総研グループ　代表　岸田良平　発行所：日総研出版

本部 ☎(052)569－5628 FAX(052)561－1218
〒451-0051 名古屋市西区則武新町3－7－15(日総研ビル)

日総研お客様センター 名古屋市中村区則武本通1－38
日総研グループ縁ビル 〒453-0017
電話 0120-057671 FAX 0120-052690

札幌 ☎(011)272－1821 FAX(011)272－1822
〒060-0001 札幌市中央区北1条西3－2(井門札幌ビル)

仙台 ☎(022)261－7660 FAX(022)261－7661
〒984-0816 仙台市若林区河原町1－5－15－1502

東京 ☎(03)5281－3721 FAX(03)5281－3675
〒101-0062 東京都千代田区神田駿河台2－1－47(廣瀬お茶の水ビル)

名古屋 ☎(052)569－5628 FAX(052)561－1218
〒451-0051 名古屋市西区則武新町3－7－15(日総研ビル)

大阪 ☎(06)6262－3215 FAX(06)6262－3218
〒541-8580 大阪市中央区安土町3－3－9(田村駒ビル)

広島 ☎(082)227－5668 FAX(082)227－1691
〒730-0013 広島市中区八丁堀1－23－215

福岡 ☎(092)414－9311 FAX(092)414－9313
〒812-0011 福岡市博多区博多駅前2－20－15(第7岡部ビル)

編集 ☎(052)569－5665 FAX(052)569－5686
〒451-0051 名古屋市西区則武新町3－7－15(日総研ビル)

商品センター ☎(052)443－7368 FAX(052)443－7621
〒490-1112 愛知県あま市上萱津大門100

・乱丁・落丁はお取り替えいたします。
・本書の無断複写複製（コピー）やデータベース化は著作権・出版権の侵害となります。
・この本に関するご意見は，ホームページへお寄せください。 E-mail cs@nissoken.com
・この本に関する訂正等はホームページをご覧ください。 www.nissoken.com/sgh

研修会・出版の最新情報は
www.nissoken.com
日総研 検索

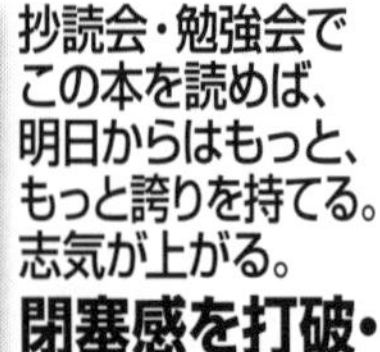

抄読会・勉強会で
この本を読めば、
明日からはもっと、
もっと誇りを持てる。
志気が上がる。

閉塞感を打破・
未来に繋がる
介護を創る
珠玉のエッセイ

編著 **菊地雅洋**
北海道介護福祉道場
あかい花 代表

- 介護の誇りを穢す闇
- 介護のプロとして護るべきもの
- 対人援助の専門職としての誇り
- 認知症の人々の心に寄り添う
- 命に寄り添う使命
- 誇り高き介護を創るために

介護の仕事に
“誇り”を持つことは、
自分自身に
“誇り”を持つこと。

介護の仕事は誰かの
人生の一部に寄り添い
幸福に寄与できる。

A5判 192頁
定価 1,800円＋税
（商品番号 **601831**）

虐待を起こさない
組織を作ろう！

自分はいつか
虐待をして
しまうかも…
どこの施設にも
いる
そんな職員への
処方箋

髙口光子
介護アドバイザー
介護老人保健施設
「星のしずく」
看介護部長
理学療法士
介護支援専門員
介護福祉士

- 認知症ケアを紐解くことで介護の意味を考える
- 職員が育つ組織の作り方と育て方の実際
- 悪いケアから虐待へ だんだんおかしくなっていく流れ ほか

増刷出来
A5判 160頁
定価 2,300円＋税
（商品番号 **601867**）

脳の機能と
症状が結びつき、
適切なケアと
その根拠が分かる！

症状の
改善・緩和に
つながる！
ありがちな
事例で心が
通い合う
対応法を学ぶ！

市村幸美
認知症専門ナース
ケアマネ

- 認知症を理解するためのファーストステップ
- 脳の働き・メカニズムを知ると認知症の症状が分かる
- SOSのサイン！？ 認知症患者に起こる障害とBPSD ほか

A5判 176頁
定価 1,852円＋税
（商品番号 **601854**）

知識が無ければ
観察はできない、
観察が
できなければ
適切なケアは
できない

観察＋評価＋
スプーン操作
を知り
食事にまつわる
悩み事を解決！

佐藤良枝
認知症疾患
医療センター曽我病院
作業療法士&
バリデーションワーカー

- 食事介助の基礎知識 食事介助の根深い誤解 ほか
- 食事介助における工夫 スプーンの持ち方と食具の工夫 ほか
- 事例で学ぶ食事介助の工夫 認知症のある方が持つ能力 ほか

B5判 80頁 2色刷
定価 1,945円＋税
（商品番号 **601824**）

日総研

詳細・お申し込みは 商品番号 日総研 601824

電話 0120-054977
FAX 0120-052690（無料）